芸能人・芸能事務所の法務と税務

—契約・労務からトラブル対応まで—

弁護士

石井逸郎、藤田裕、高野倉勇樹、穐吉慶一、土肥勇

税理士

山口翔

ぎょうせい

はしがき

　令和２年春、新型コロナウイルス感染症の問題が深刻になり始めた頃、本書の執筆が始まりました。本年も間もなく終わりを迎えますが、残念ながら感染症の広がりはまだ収束の兆しをみせません。

　コロナ禍の今年、有名芸能人の悲しい出来事がありました。人と人の間の「ソーシャル・ディスタンス」が強調された結果、舞台やライブといった対面的な芸能活動が制限され、経済的に苦境に陥った芸能人が多数生まれました。華やかな印象の一方で、芸能人の地位や権利が不安定な状況にあることが浮き彫りになりました。詳細は本書に譲りますが、現在、芸能人を始めとする、「フリーランス」と呼ばれる働き方をする人々の法的保護を強めようという方向で政府も政策を進めています。

　一方で、芸能人に限らず、コロナ禍で日本中の多くの業種・階層の、様々な人々が苦しい立場に追い込まれる中、やはり様々な芸能人のインターネット上等でのパフォーマンスが人々に癒しや勇気、励ましを与えてくれました。芸能人の芸能活動にはそのような社会的意義があるのです。そしてその意義は決して小さなものではありません。さらにその芸能人の芸能活動は、それを支えるスタッフの存在があって生み出されています。

　にもかかわらず、先ほども述べましたが、芸能人やその周りのスタッフたちの法的地位は必ずしも安定的なものではないのです。そのために、芸能人の活動の機会が失われたりするとすれば、それは社会にとっても損失であるといわざるを得ません。

　本書は、こうした芸能関係者の地位や権利の向上に問題関心を有する弁護士や税理士が、芸能事務所や芸能人等を取り巻く法的環境について分析し、論じ合った末に書かれたものです。

本書が、これからの日本の芸能活動の発展に寄与することを願っております。

　令和3年2月　執筆者を代表して

石　井　逸　郎

目　次

第4章　芸能界における法的紛争の解決のありかた

凡　　例

【法令等】

下請法　　　　　　　下請代金支払遅延等防止法

独占禁止法　　　　　私的独占の禁止及び公正取引の確保に関する法律

【判例集】

民集　　　　　　　　最高裁判所民事判例集

刑集　　　　　　　　最高裁判所刑事判例集

集民　　　　　　　　最高裁判所裁判集民事

判時　　　　　　　　判例時報

判タ　　　　　　　　判例タイムズ

第 1 章

「芸能人」とは何か？
——芸能界をめぐる法的環境

はじめに

「働き方改革の流れから取り残された人たちがいる。」

毎日新聞の令和2年3月2日月曜日の朝刊の特集記事「演じる者たちの未来」の書き出しである。平成31年4月、長時間労働を慣行とする日本の労働環境を改善すべく「働き方改革関連法」が施行されたが、日本の芸能界で働く俳優や声優ら、いわゆる芸能人たちはその中で取り残されているというのだ。

本書を書いているのは、世界的に新型コロナウイルス感染症の流行が問題となっている状況下であるが、その際、芸能人たちが、相次ぐ興業の中止によって収入の喪失を招き、生活も困難になっているという報道があった。ここにおいて協同組合日本俳優連合（以下、「日俳連」という）[1]の西田敏行理事長（当時）は、「私たちは今般の政府のご意向に添い、不特定多数の人々が集まるイベントなどの開催自粛を受けて、俳優は、映画・演劇・イベントなどの主催者の指示に従い、中止（キャンセル）を受け入れております。しかし出演者へのキャンセル料等の話し合いには到底至らないケースが多く、生活に困窮する事態が見えています。」と訴え、政府に対して支援の強化を求めた[2]。ついには、世界約70か国に広がる芸能人の国際的な労働組合組織「国際俳優連合」（FIA）までもが、日本の芸能人らの窮状を鑑み、「日本の芸能実演家は、選択の自由のない個人事業主です。専門性のある技術を備えるために、自ら莫大な自己資金を投じているにも関わらず、しがらみのある、無期限の雇用契約をさせるために、法的に労働者性を不当に否定され、社会的な権利の保護が狭められている。」とし

1　昭和42年にスタートした俳優、声優らによる中小企業等協同組合法に基づく協同組合。「協同組合法で認められている団体交渉権を生かして、NHK、民放、製作会社との間で出演条件や安全対策等の団体協約を締結」している（日俳連ホームページ（www.nippairen.com）より）。

2　協同組合日本俳優連合の令和2年3月5日付理事長声明「新型コロナウィルス感染防止措置に伴う公演などの中止に伴う声明及び働き手支援についての緊急要請」より。

て支援を強める声明を特別に出したほどであった[3]。

　あるいはここ数年、アイドルグループの解散・独立をめぐる紛争など、芸能事務所と芸能人との間の法的紛争も散見されるようになり、その際、「芸能人」の社会的地位の弱さ、不安定さも浮かび上がっている。こうした状況を踏まえて、公正取引委員会は、平成30年2月15日、「人材と競争政策に関する検討会報告書」において、芸能人をはじめとする、スポーツ選手、ITエンジニア等、いわゆるフリーランス[4]として働く人々が仕事や報酬等をめぐって被る不利益について、独占禁止法によってその保護が図れないか、調査・検討の結果を発表した。この報告書は、独占禁止法の活用によって、不安定な状況にある芸能人等、フリーランスで働く人々の保護を図ろうとしたもので、その意義は極めて大きいものがあるのだが、その詳細な解説は後に譲るとして、ここでは、こうした方々の法的保護の強化を図れないか、という問題意識を政府も有している、という事実を指摘したい。

　「芸能人」というと、一見華やかな仕事のように思えるかもしれない。しかしながら実態はそうではなく、前述のように実に不安定な状況にある。そして、それは世界の他の国々の芸能人らと比べても、弱く不安定な立場にあるといわれている。

　本書は、こうした芸能界をめぐる法的環境を概観し、芸能人や、芸能事務所等における法的問題とその対応策について、その解説を試みる法律書である。

3　国際俳優連合（FIA）の、令和2年3月12日付の声明「新型コロナウィルス感染症の緊急対応が、元来生活基盤の弱い日本の芸能実演家を破壊しかねない影響があることに関する声明」より。
4　労働者のように企業や団体に属さず、個人事業主として、複数あるいは単数のクライアントと仕事に関する契約を結び報酬を得る働き方をしている業態のこと。

第1 「芸能人」とは何か？

　本書は冒頭に述べたとおり、芸能界をめぐる法的環境について論じ、その法的問題について解説を試みるものであるが、そもそも、「芸能人」とはどのような仕事をする人々のことをいい、日本の法律ではどのように定められているのだろうか。

　例えば、「弁護士」という職業は、弁護士法にその定義がある。弁護士は、依頼者の依頼に基づいて、訴訟ほか法律事務を行うことを職務とする、と定められている（弁護士法3条）。理容師なら理容師法、調理師なら調理師法に、その定義と資格が定められている。

　このように多くの職業は、その定義や資格について、法律等に定めがある。弁護士ならば、その資格を取得するためには国家試験である司法試験に合格する必要があるし、理容師や調理師ならば、やはり同様にその免許を取得する必要がある。

　しかしながら、結論からいうと、「芸能人」については、特段、そのような定めはない。形式的には、誰もが「芸能人」を自称することができる。

　したがって、「芸能人」の定義を法律に求めることはできないが、あえて定義を試みるとすると、「『芸能』というサービスを提供して、報酬を得ることを業とする人々」といえるだろう。

　では、「芸能」とは何だろうか。お笑い、落語等の演芸、映画やドラマ等の俳優、声優、音楽活動など、芸能活動の例を挙げることはできるが、その包括的定義となると難しい。

　実は、芸能活動や芸能人について、その根拠となる法律がない、というのは理由のないことではない。というのも、本来芸能活動は、何より「表現の自由」を本質とするからだ。チャップリンの「独裁者」という映画をご存知だろうか。ヒトラー率いるナチス・ドイツが全盛の時代に、チャッ

プリンはヒトラーを風刺する映画を作った。あるいは有名なピカソの絵画
「ゲルニカ」も、スペインのゲルニカに対するナチス・ドイツの無差別爆
撃を批判した作品である。

　このように、有能な芸能人が、その芸能活動を通じて、時の政治や権力
を批判する芸術作品を生み出すことがあることを私たちは知っている。優
れた芸術作品や芸能活動は、こうして私たちの社会を文化的により豊かに
していくものであり、人々の思考や価値観にも示唆や影響を与えて、民主
主義社会をより活性化させていくものである。だからこそ、その作品を生
み出す芸術家や芸能人の活動は、基本的に国家の規制を受けない。むしろ
その表現の自由を強く保障することこそが大事であると考えられるだろ
う。

　先に芸能活動や芸能人を規制する法律はない、と述べたが、むしろ、そ
の振興を促す法律として、「文化芸術基本法」がある[5]。この法律こそ、芸
能活動に関する法律、といってよいかもしれない。そこでは、芸能活動を
含む「文化芸術は、人々の創造性をはぐくみ、その表現力を高めるととも
に、人々の心のつながりや相互に理解し尊重し合う土壌を提供し、多様性
を受け入れることができる心豊かな社会を形成するものであり、世界の平
和に寄与するものである」（同法前文）とされ、芸能人を含む「文化芸術
活動を行う者の自主性が十分に尊重されなければならない」（同法2条1
項）ことが強調されている。さらに、「文化芸術活動を行う者の創造性が
十分に尊重されるとともに、その地位の向上が図られ、その能力が十分に
発揮されるよう考慮されなければならない」（同条2項）ことや、「国は、
講談、落語、浪曲、漫談、漫才、歌唱その他の芸能（伝統芸能を除く。）
の振興を図るため、これらの芸能の公演、これに用いられた物品の保存等
への支援、これらの芸能に係る知識及び技能の継承への支援その他の必要

5　平成13年法律第148号。平成13年にできた「文化芸術振興基本法」が、平成29年に「文
　化芸術基本法」に整理して改正されたもの。

な施策を講ずるものとする」（同法11条）こと等が定められている。
　要するに、国は、こうした芸能活動に対して、口は出さないが支援はしなさい、というのがこの法律の考え方といえるだろう。

第2　芸能界の市場規模

　よく「芸能界」という言葉が用いられるが、ここでは、「芸能界」とは、芸能人の活動するフィールド、というくらいに考えておこう。そのフィールドの市場規模は一体どのくらいだろうか。

　芸能人は、「芸能プロダクション」（芸能事務所ともいう）に所属したり、マネージメント業務に関する委託契約を締結したりして活動をしているから（その契約関係の法的な分析は後述する（第2章））、その「芸能プロダクション」の売上高を合計すれば、その市場規模を算出できそうである。

　しかしながら、数ある芸能プロダクションの中で、上場しているのは、株式会社アミューズくらいであり、同社はホームページ上でIR情報を開示しているが、芸能プロダクションの圧倒的多数は非上場会社であり、その財務内容はほとんど不明である。ただし、経済産業省が行っている「特定サービス産業実態調査」によって、おおよその市場規模を推測することはできる。

　「特定サービス産業実態調査」は、サービス産業の実態を明らかにし、サービス産業に関する施策の基礎資料を得ることを目的とするもので、「統計法」（平成19年法律第53号）に基づく基幹統計調査として、経済産業省が行っているものである。

　この調査の「平成30年調査」（対象期間平成29年1月1日から同年12月末までの状況）の結果が現在同省のホームページで公開されており、平成30年調査は、19種類の調査票（①「ソフトウェア業、情報処理・提供サービス業及びインターネット附随サービス業調査票」、②「映像情報制作・配給業調査票」、③「音声情報制作業調査票」、④「新聞業調査票」、⑤「出版業調査票」、⑥「映像・音声・文字情報制作に附帯するサービス業調査票」、⑦「クレジットカード業、割賦金融業調査票」、⑧「物品賃貸業調査

票（各種物品賃貸業、産業用機械器具賃貸業、事務用機械器具賃貸業、自動車賃貸業、スポーツ・娯楽用品賃貸業、その他の物品賃貸業）」、⑨「デザイン業、機械設計業調査票」、⑩「広告業調査票」、⑪「計量証明業調査票」、⑫「冠婚葬祭業調査票」、⑬「映画館調査票」、⑭「興行場、興行団調査票」、⑮「スポーツ施設提供業調査票」、⑯「公園、遊園地・テーマパーク調査票」、⑰「学習塾調査票」、⑱「教養・技能教授業調査票」、⑲「機械修理業、電気機械器具修理業調査票」）を用いて、全国的に、経営組織、従業者数、年間売上高及び営業費用等の調査が行われている。

このうち、まさに⑭は、主には劇場、劇団、芸能プロダクションのこととされているから、⑭と⑥の調査結果から、この業界のおおよその市場規模を推測することができるだろう。

これによれば、⑭は、事業所が全国で約2,100存在し、その売上規模が年間総計で約7,780億円（本業部分に限る）、⑥は年間総合計で約1兆1,700億円であるから、合計すると、約1兆9,500億円ほどであることがわかる。

これに対し、日本のGDP（国民総生産）は平成29年度で約547兆円であるから、こうしてみると、芸能界の売上自体が日本経済の中で占める割合は、1％にも満たない。

しかしながら、日々のテレビのコマーシャルをみると、実に多くの多様な芸能人、タレントたちがテレビ・コマーシャルに起用されて活躍している。彼ら、芸能人たちのイメージで、我々消費者も購買意欲が促進されたりしていることを否定することはできない。

なお、これまで、芸能業界の売上の中でも比較的大きな割合を占めるものとして考えられていたのは、テレビのコマーシャルにおける芸能人の起用であろう。企業からすると、テレビ、ラジオ、雑誌等を通じた「広告費」であるが、これの相当な部分が、芸能界にとっては売上となっている構造である。株式会社電通の調査によれば、令和元年の総広告費は、6兆9,380億円ほどであるが、そのうち、テレビメディア関係の広告費は約1兆8,600億円で微減傾向にあるのに対し、インターネット広告費は2兆1,000億円

となっており、前年の推計が1兆7,589億円であったことから、令和元年は、ついにインターネットの広告費がテレビの広告費を上回ることとなったのである[6]。現在、「YouTuber」と呼ばれるような動画サイトYouTubeを活躍の場とする芸能人が多数生まれている背景もここにある。

　このように、テレビ広告よりも、インターネット広告が重視される時代になりつつあるとはいえ、広告費そのものは増加傾向にあり、経済界が広告を重視する状況自体には変化はないといえ、芸能界全体の売上はそれほど大きくはないとしても、その広告効果に着目するならば、その経済的影響力、波及的効果は、相当程度大きなものであると考えられる（本書はそのことを分析し、論じるものではない）。

　いずれにしても、見かけの華やかさとは裏腹に、芸能界の売上自体がそれほど大きなものではないことをここでは確認したい。そして、実際、我が国における芸能人の地位はまだまだ不安定で、弱い立場にあることも前述のとおりである。

　そこで、次に、芸能人の活動する環境がどういう成り立ちをしているのか、みていくことにしよう。

6　株式会社電通が毎年行っている調査。株式会社電通のホームページ（https://www.dentsu.co.jp/knowledge/ad_cost/）の、「ナレッジ&データ」の「日本の広告費」から引用。

第3 芸能界をめぐる法的環境

1 芸能界の関係者

　では、芸能界には、どのような関係者が存在しているのだろうか。

　例えば、テレビドラマが成立するためには、これを放映する「テレビ局」がなければならない。例えば、NHK、テレビ朝日、TBSテレビ、日本テレビ、フジテレビ等である。

　またそうしたテレビドラマの制作については、テレビ局が「番組制作会社」に委託していることが通常である。

　次に、先ほども述べたとおり、芸能人は、通常どこかの「芸能プロダクション」に所属するか、マネージメント業務に関する委託契約を結んでいる。芸能人がドラマに出演するに際しては、こうした芸能プロダクションの担当マネージャーが、番組制作会社に対し営業を行う。

　ほかにも、こうしたテレビ番組の制作費用を捻出するべく、企業からコマーシャルの依頼をとってくる「広告会社」が存在する。また、こうして当該番組にコマーシャルを提供する企業のことを「スポンサー」と呼ぶ。

　番組制作会社には、カメラマンや音響の仕事をする人々もいる。こうした人々もまた、「フリーランス」で働いているのが通常である。芸能プロダクションには、芸能人一人ひとりのマネージメントを担当する「マネージャー」と呼ばれる人がいるし、その他事務作業を行う労働者が存在する。

　映画や、舞台等の演芸であれば、映画配給会社や、演芸場、興行会社などが関係者といえる。

　このように、芸能界と呼ばれる世界には、実に多種多様な関係者が存在している。

2　芸能界をめぐる法的環境

　以上の関係者のうち、「テレビ局」には放送法という法的規制があり、誰もがテレビ局を営むことができるわけではない。それは全国に放送されるテレビの社会的影響力の大きさを考慮する必要があるからであり、監督官庁は総務省である。

　これに対し、「芸能プロダクション」等については、今のところ特段の法的規制はない。当然監督官庁もなく、誰もが自由に設立できる。

　以下、あるテレビドラマの成り立ちを通じて、以上の関係者の法律関係について概観してみる。

（1）　テレビドラマ・舞台の出演契約

　前述のとおり、通常あるテレビドラマを制作するにあたって、テレビ局は、番組制作会社にその制作を委託することになる。この場合、テレビ局と、番組制作会社との間では、当該テレビドラマの制作を目的とした契約を締結する。この契約の法的性質は、テレビドラマの完成を目的とする請負契約もしくは委任契約、あるいはその両方の性質を含んだ契約ということになろう。

　次に、番組制作会社と芸能プロダクションや出演する芸能人との間でも、その出演を目的とした何らかの契約が成立することとなる。

　この場合、番組制作会社と芸能プロダクションとの間で、当該芸能人を出演させるという契約が成立した、とみるのか、芸能プロダクションはあくまでエージェントに過ぎず、当該芸能人と番組制作会社との間で出演契約が成立した、とみるのかは、出演決定に至るまでの経緯、出演条件等に照らして実態から判断されることになろう。テレビドラマともなると、どの芸能人を出演させてもいい、というわけにはいかないだろうし、その一身専属性に鑑みれば、当該芸能人と番組制作会社とを当事者として出演契約が成立した、と評価できる場合もあると考えられるからだ。この点は、特にきちんとした契約書が存在しない場合は、問題となりえる論点である。

　この出演契約も、そのドラマで、演技を披露するという仕事の完成を目的とした請負契約の側面と委任契約の側面の両方の性質を有することとなる（東京地裁平成28年1月25日判決・判タ1427号205頁）。

　以上の契約関係の解釈は、民法等の法律が規律することになる。

　なお、請負契約と委任契約との区別については、請負契約は仕事の完成を前提とし、委任契約はその前提がなく結果を保証するものではない、という違いがあるとされていて、出演契約の場合は両方の性質があるとする判決例があるのは前述のとおりであり、この点は第2章第1等で詳しく論じる。

（2）　芸能プロダクションと芸能人の関係

　テレビドラマに出演する芸能人は、通常、芸能プロダクションと「専属契約」と呼ばれる契約を結んでいるケースが多く、芸能プロダクションの担当マネージャーが、番組制作会社と出演条件等を交渉する。

　ところで、民法に「専属契約」という類型の契約は存在しない。この「専属契約」とは、芸能界で使われる俗語であって、要は、その契約を成立したことをもって、芸能人が芸能プロダクションに所属することあるいはその芸能プロダクションがその芸能人の独占的な連絡先であることを意味している。

　通常、芸能人は、芸能プロダクションとの間で、前述のテレビ局や番組制作会社との交渉等のマネージメントを委任する契約を結んでおり、あくまでその性質は委任契約であるが、そこに、ほかの芸能プロダクションとは当該契約を結んではならない旨の約定が備わっているために、これを「専属契約」と呼んでいる。

　通常は、以上の契約の法的性質は委任契約と評価されるであろうが、その拘束性の強さや報酬の支払い条件等実態に照らして雇用契約と評価されることもあり得る。

　すなわち、委任契約と評価される場合はその芸能人はフリーランスであるが、雇用契約と評価される実態の場合はその芸能人は、その芸能プロダ

クションの労働者である。

　労働者かフリーランスかの違いは、前述のとおり、芸能プロダクションからの仕事の指示を断わる自由があるかどうか、時間的拘束の度合いはどうか等の拘束性の強度や、報酬の支払い条件（月ごとに決められたまとまった報酬が支払われるのか、それとも仕事に応じて報酬が支払われるのか、その際の芸能プロダクションと芸能人の報酬の配分はどうか等）等によって実態に基づいて評価されることとなる。当該芸能人が労働者となれば、芸能プロダクション側には、当該芸能人を安易に解雇できないとか、労働条件を一方的に変更できないといった労働法に基づく法理が適用されることとなる（第2章第1、第3章第1等参照）。

　ただし、フリーランスと評価される芸能人は自由なのか、というとそうではなく、前述のとおり、専属条件が付けられていたり、芸能人の側から容易に契約を解除できないといった条件が付けられたりしている場合があり、近時、その拘束性が問題となっているのは前述のとおりである。一方で、フリーランスとされる場合は、委任契約として民法に基づき、芸能プロダクション側から安易に契約を解除できると解釈される可能性があり、芸能プロダクションに対する芸能人側の地位の弱さが首肯できる。そこで、大企業との契約関係で中小零細企業を保護する機能を有する独占禁止法を用いて、その保護を図ろうとする動きがある（第2章第2等）。

（3）　カメラマンたち

　テレビドラマの撮影現場には、ほかに、監督やカメラマン等がいる。監督業もフリーランスであることが多く、通常は、番組制作会社とそのドラマ限りの契約を締結しているだろう。カメラマンらのスタッフと番組制作会社との間の契約については、そのスタッフが当該番組制作会社に専属する労働者の立場であれば労働契約となり、労働法の適用があるが、前述のフリーランスであれば労働法の適用はなく、委任契約、もしくは請負契約を締結していると評価されることになる。

　芸能人と同様に、フリーランスと呼ばれる立場で働く人々は、特に不安

定で弱い立場にある。そこで、日俳連は、現在、俳優や声優など、フリーランスで働く芸能界の関係者について、舞台や撮影等で怪我をし、休業を余儀なくされた場合に補償がないことを問題視し、例えば個人タクシーの運転手等に認められる労災保険の「特別加入」について、俳優や声優等にも認めるよう厚生労働省に求めている[7]。また、公正取引委員会が独占禁止法の適用による保護を検討していることは、前述のとおりである。

（4）　その他の関係する法律

　他に関わりがある法律としては、著作権法がある。芸能活動によって生み出される作品は、「思想又は感情を創作的に表現したもの」であり（著作権法2条1項1号による「著作物」の定義）、映画やテレビドラマも、当然「著作物」に該当する（同条3項等参照）。したがって、その作品の著作権の扱いを契約上どのように定めるかが問題となるし、出演した俳優には実演家として著作隣接権[8]が認められる（この点も詳しくは後述する（第2章第3））。

　以上のように、芸能界には様々な関係者における様々な法的関係があり、様々な法律によって規律される以上、そこには多様な法的問題が存在する。

　次章以下で、こうした法的問題とその対応策について、具体的にみていくことにしよう。

7　労災保険とは、業務上の事由又は通勤による労働者の負傷・疾病・障害又は死亡に対して労働者やその遺族のために、必要な保険給付を行う制度であるが、本来、これには加入できないはずの事業主や会社の役員、一人親方等についても、その実態に鑑みて、労働者に準じて、任意で、その加入を認める制度がある。日俳連が、これへの加入を俳優や声優らにも認めるよう求めていたところ、厚生労働省は令和2年12月、翌年度より芸能従事者やアニメ制作関係者についてこれを認めることを決めた。
8　例えば俳優等の実演家には、著作隣接権として、その実演について無断で「名誉・声望を害する改変をされない権利」（同一性保持権）と「名前の表示を求める権利」（氏名表示権）等が認められている（著作権法89条1項）。

第 2 章

芸能人・芸能事務所をめぐる法律問題

第1 芸能人と芸能事務所の関係

1 総論

（1）　芸能人と芸能事務所との法的トラブルの増加

　昨今、芸能人と芸能事務所の間における法的トラブルが増加している。事務所がタレントの独立・移籍を認めないというトラブル、テレビ局等から受け取る出演料の分配をめぐるトラブル、タレントの起こした不祥事に起因する関係各所への損害賠償の分担を巡るトラブル、芸能人が事務所に無断で営業活動を行うという、いわゆる「闇営業」に関するトラブル、タレントと芸能事務所所属のマネージャーとの間のトラブルなど、その種類は様々である。

　これらのトラブルにおいて、芸能人・芸能事務所双方の主張がどの程度まで認められるのかを判断するためには、まず、両者間の法律関係がどのようなものになっているのかを明らかにする必要がある。

　そこで、以下では、芸能人と芸能事務所との間の法律関係について概観していく。

（2）　芸能人と芸能事務所との間の法律関係の種類

　芸能人と所属先の芸能事務所の間の法律関係は、大きく分けると以下の3つのパターンがある。ただし、実際の契約態様は、3つのパターンのいずれかのみに該当するとは限らず、複数の契約形態が混合した契約ということもあり得る[1]。

1　東京地裁平成13年7月18日判決は、歌手と所属事務所との間の契約について、「委任契約のほか、雇用契約ないし請負契約としての性質が混合した無名契約」であるとした。

①　雇用契約（労働契約）

ア　芸能人が、テレビ番組、CM・イベントなどに、芸能事務所からの指示（指揮命令）に従って、芸能事務所の従業員として出演する、という契約形態である。芸能事務所と芸能人との間には、業務遂行についての具体的な指揮命令関係が存在し、交通費や衣装代などの業務遂行に必要な経費は、原則として芸能事務所が負担する。

イ　雇用契約の場合、芸能人の報酬（給与）は、労働基準法等の労働関係法規の規制を受ける。具体的には、最低賃金法に基づく最低賃金の規制のほか、労働基準法上の残業手当、深夜・休日割増手当（同法37条1項）や賃料全額払い（同法24条1項）といった規制に服することとなるため、注意が必要である。

　さらに、雇用契約の場合、芸能事務所は、契約上の付随義務として、芸能人がその生命、身体等の安全を確保しつつ労働することができるよう必要な配慮をする義務（安全配慮義務）を負う（労働契約法5条）。

　具体的にとるべき措置の例としては、以下のようなものが考えられる。

・イベントにおいて熱狂的なファンからの過度な接触等を防止する措置を講じる。

・芸能人が出演しようとしている放送番組において、芸能人の名誉が毀損されたり、危険な行為を伴ったりする可能性がある（あるいは、実際にそのような事態が起こった）場合には、番組構成や放送内容の確認・修正要請を行う。

・芸能人が、出演した番組の放送等をきっかけとして、インターネット上などで集中的な批判にさらされた際には、それに対抗する措置（詳細は、本章第3・5をとる。

ウ　芸能人側は、番組制作会社・テレビ局・ラジオ局・スポンサー等とは直接の契約関係を有せず、芸能事務所が、番組制作会社・テレビ局・ラジオ局・スポンサー等と、番組制作業務やイベント業務・CM制作業務の一部を受委託する契約を締結することになる（図表1参照）。

図表1　雇用契約における契約関係図

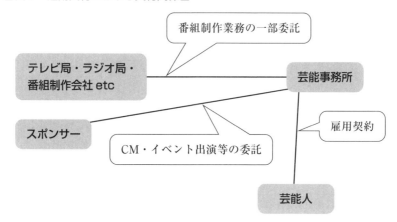

②　請負契約（請負型の業務委託契約）

ア　芸能事務所が、テレビ局・ラジオ局・番組制作会社等から受託した番組制作業務（番組への出演依頼等）や、スポンサーから受託したCM・イベント等への出演依頼を、芸能人に再委託するという契約形態である。

　雇用契約とは異なり、芸能事務所と芸能人との間に具体的指揮命令関係はなく、両者は、元請と下請という関係となる。

イ　もっとも、請負契約といっても、元請たる芸能事務所が、テレビ局等から受注した業務を、下請たる芸能人に対して一方的に委託するというだけの関係にとどまるものではない。芸能事務所側は、契約相手となる芸能人についての各種マネージメント業務を行うものとされていることが通常である。したがって、芸能事務所には、芸能人のプロモーションをする義務のほか、雇用契約の場合と同様の安全配慮義務（具体的には、①イ参照）があるといえる。

　例えば、一般社団法人日本音楽事業者協会（音事協）の「専属アーティスト標準契約書」においては、芸能事務所は、レッスン等の提供、コンテンツ制作・イベント企画・ファンクラブ運営等の各種プロモーションや法的紛争の回避等の業務を担うものとされている。

ウ 芸能人側は、原則として、出演の諾否を自由に決めることができ、また、出演依頼元と芸能事務所との間の元請契約において定められた範囲内で、出演時の言動などの仕事の遂行方法についても一定の裁量を有する。

エ 芸能事務所の資本金規模や出演等の内容（再委託する業務の内容）等によっては、芸能事務所から芸能人への業務の委託について下請法が適用される場合がある。下請法の適用対象となる場合には、芸能事務所は、代金の支払期限を定めて、代金の額・支払期日等を記載した書面を交付する義務などを負う。また、役務提供日から60日以内に代金を支払わなければならず、発注後の代金減額が制限されるなどの規制を受ける。

オ 請負契約の場合も、芸能人は、番組制作会社やテレビ局などとは直接の契約関係を有せず、芸能事務所と、テレビ局・ラジオ局・番組制作会社・スポンサー等との間で、番組制作業務やイベント業務・CM制作業務の一部を受委託する契約（元請契約）が存在し、芸能事務所と芸能人との間で、当該業務を再委託する契約（下請契約）が締結されることになる（図表2参照）。

図表2 請負契約における契約関係図

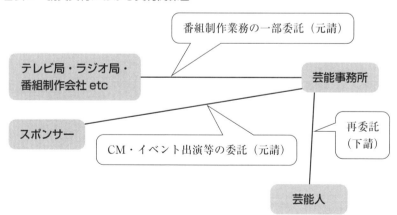

③　エージェント契約（委任契約）

ア　芸能事務所が、芸能人の代理人（エージェント）として、テレビ局・ラジオ局・番組制作会社・スポンサー等との間で、番組・イベント・CM等への出演などの契約を代理締結する、という契約形態である。

　芸能人と、テレビ局・ラジオ局・番組制作会社・スポンサー等との間で出演契約が成立しており、芸能人は、出演依頼元に対して、直接、権利（報酬請求権など）を有し、また、義務（イメージを毀損するような言動をした際の損害賠償義務など）を負うことになる。

　芸能事務所と芸能人との間に具体的指揮命令関係はなく、両者間の法律関係は「委任契約」となる。

イ　エージェント契約の場合であっても、芸能事務所は、単に芸能人の代理人としてテレビ局等との契約をするだけの存在にとどまるものではなく、芸能人に対して、②イで述べた請負契約の場合と同様のマネージメント業務を行う義務を負っているのが通常である。すなわち、芸能事務所は、芸能人のプロモーションをする義務のほか、安全配慮義務（具体的には、①イ参照）を負っているといえる。

　その他、芸能事務所は、委任契約に基づき、芸能人に対して、業務の報告義務（民法645条）や受領した金銭の引渡義務（同法646条１項）などを負う。

ウ　芸能人側は、原則として、番組・イベント・CM等に出演をするか否か（出演契約を締結するか否か）を自由に決めることができる。また、出演の条件等もテレビ局等との間の出演契約において定められる（図表３参照）。

図表3　エージェント契約における契約関係図

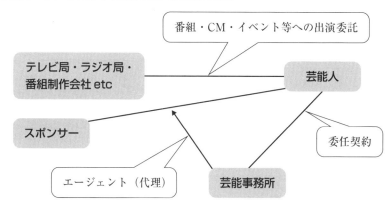

2　芸能事務所と芸能人との間の法律関係の判断要素

(1)　判断要素と各契約形態との関係

　芸能事務所と芸能人との間のトラブルにつき、法的検討を行うにあたっては、まず最初に、契約実態を精査し、前記1で述べた契約類型のうちのどれに該当するのかを詳しく分析することが不可欠である。

　芸能事務所と芸能人との間の法律関係がいずれの類型にあたるかは、一概に述べることは難しい。個々の芸能人ごとに、以下で述べるような諸要素を勘案して判断されることになるが、一般論としては、契約実態として、両者の間に業務実施についての具体的な指揮命令関係が認められる場合には①雇用契約となる。そして、指揮命令関係が認められない場合で、契約実態として、依頼元（テレビ局・ラジオ局・番組制作会社・スポンサー等）との間で直接の契約関係があるものと認められるときには、③エージェント契約となる。他方、依頼元との間の直接の契約関係は認められず、依頼元と芸能事務所、芸能事務所と芸能人の間でそれぞれ契約関係があるような場合には、②請負契約となる。

　法律関係の判断は、契約書の標題などといった形式面ではなく、契約の実質面を踏まえてなされることになる。仮に、芸能事務所と芸能人との間で、「互いの契約関係は、雇用契約とはみなさず、業務委託契約として取り扱うものとする」という旨の契約条項を含む、「業務委託契約書」という標題の契約書を取り交わしたとしても、両者の間に業務実施についての具体的な指揮命令関係が認められれば、その契約関係は雇用契約であると判断されることとなり、労働関係法規の規制を受けることになるので、注意を要する。

　判断要素と各契約形態との関係の概要を表にまとめると図表4のとおりとなる。各判断要素についての詳細は、（2）で述べる。

図表4　法律関係の判断要素

要素		雇用契約	請負契約	エージェント契約
報酬	算定方法	固定給（月給、日給、時間給等）	出演内容・回数に応じる	依頼元との条件次第
	支払者	芸能事務所	芸能事務所	依頼元（ただし、芸能事務所が、依頼元から代理受領した上で支払う場合有り）
	税務上の取り扱い	給与所得	事業所得	事業所得
専属性		あり	原則、なし	原則、なし
業務についての裁量		なし	原則、あり	原則、あり
諸経費の負担		ないことが多い	原則、自己負担	原則、自己負担
社会保険、労働保険		加入義務有り	加入不可	加入不可

（2）　各判断要素の詳細

①　報　酬

　報酬が月給・日給等で固定給となっている場合（業務の「時間」に応じ

た算定方法となっていて、実際の業務の「量」に応じた算定方法になっていない場合）や、報酬が給与所得扱いとなっているような場合には、雇用契約であると判断されやすくなる。

　反対に、報酬が勤務時間ベースではなく、出演回数や芸能事務所が出演依頼元から受け取った報酬額をベースに算定されている場合や、報酬が事業所得扱いとなっているような場合には、雇用契約ではなく、下請契約ないしエージェント契約であると判断されやすくなる。その中でも、芸能人が受け取る報酬の出所が、実質的にみて出演依頼元であるといえるような場合（例えば、出演依頼元から芸能人に報酬が直接支払われている場合や、芸能事務所が一旦報酬を受け取るが、そこから一定割合の手数料相当を控除した残額をすぐに芸能人に送金しているような場合）には、エージェント契約といわれやすくなる。他方、芸能人が受け取る報酬の出所が、実質的にみて芸能事務所であるといえるような場合（例えば、依頼元から芸能事務所に支払われる出演料の算定が、個々の出演者ごとに個別に算定されず、同じ事務所所属の出演者分全体について一括して計算されており、芸能事務所にて、各出演者への配分を決めているような場合）には、請負契約と判断される方向に傾く。

②　専属性

　芸能人が、所属している芸能事務所を通じてのみ仕事を受けることができる専属契約となっている場合は、雇用契約に親和性があるといえる。もっとも、請負契約であっても、発注元（テレビ局・ラジオ局ないし番組制作会社等）との直接契約を禁じたり、他の元請業者（＝他の芸能事務所）との契約を制限することは一般的に行われている。また、エージェント契約（代理契約）においても、他の代理人を就けることを禁止することはあり得る。

　そのため、「専属性がある」ことが直ちに雇用契約に結びつくとはいえず、むしろ、「専属性がない」ことが雇用契約であることを否定する要素になるといえる。

③　業務についての裁量

　芸能人に業務諾否の自由がなく、また、業務時間（番組の撮影日時、レッスンの受講日時など）や場所（レッスンを受ける場所など）等についても、芸能事務所の一方的な指示に従うことになっているなど、業務についての芸能人の裁量が少ない場合は、芸能事務所と芸能人との間に具体的な指揮命令関係があると認定されやすく、雇用契約と判断されやすくなる。

　他方、業務諾否の自由があり、業務時間や業務の場所等についても芸能人の意向が反映されるなど、芸能人の側に業務についての一定の裁量が認められるような場合には、請負契約ないしエージェント契約と判断されやすくなる。そして、一般論としては、請負契約の場合よりも、エージェント契約の場合の方が、業務についての裁量はより広いといえる。

④　諸経費の負担

　芸能活動にあたって生じる諸経費（交通費の他、レッスン代、衣装代、メイク費用など）を芸能人自身が負担している場合には、当該芸能人には事業者性が認められやすく、契約関係は、雇用契約ではなく、請負契約ないしエージェント契約と判断されやすくなる。

　なお、雇用契約であっても、諸経費を芸能人の側に負担させること自体は違法ではないが、その場合、雇用契約締結時に労働条件として経費負担について明示し（労働基準法15条1項）、就業規則にもその旨を記載する必要がある（同法89条5号）。

⑤　社会保険、労働保険

　社会保険（健康保険・厚生年金）及び労働保険（労災保険・雇用保険）に加入している場合には、一般的には、雇用契約であるといえる（雇用契約である場合、社会保険・労働保険への加入が原則として義務づけられる）。

　労働保険に加入していない場合には、請負契約ないしエージェント契約と判断されやすくなる。ただし、契約実態は雇用契約であるにもかかわらず、労働保険料や社会保険料の負担を免れたいがために被用者（従業員）としての届出をしていない場合もあるため、注意を要する。

3　各契約形態の特徴

（1）　雇用契約の特徴

　雇用契約の場合、芸能事務所と芸能人との間には、指揮命令関係があり、芸能事務所の指示（業務命令）には一定の裁量が認められるため、芸能事務所としては、芸能人の活動をコントロールしやすい。

　他方で、芸能人は、「労働者」として、労働基準法等の労働関係法規に基づいて労働時間や賃金等の面で手厚く保護され、また、芸能事務所の社会保険に加入することができる。

（2）　請負契約の特徴

　芸能事務所としては、仕事の諾否やスケジュール調整などに関して、芸能人側に一定の裁量を認める必要がある。芸能人の裁量が狭すぎると、法的には、指揮命令関係があるとして、「雇用」であると取り扱われてしまうことになりかねない。また、個人事業主である芸能人に業務を発注している場合などには、下請法の適用対象となり、契約条件を記載した書面の交付義務や発注後の減額の禁止など、下請法の規制を受ける点にも注意が必要である。

　芸能人としては、一定の裁量を得られて活動の自由度は増すが、他方で、労働関係法規による保護は受けられない。

（3）　エージェント契約の特徴

　芸能事務所は、芸能人から依頼を受けてテレビ局・ラジオ局・番組制作会社・スポンサー等との契約を行う代理人（エージェント）という立場であり、テレビ局・ラジオ局・番組制作会社・スポンサー等との契約条件の最終決定権限は芸能人にある。ただし、芸能事務所は単純な代理人ではなく、芸能人のマネージメント業務（プロモーション活動、芸能人のイメージダウンやトラブルを回避するための支援など）を行う義務を負う。一方で、芸能事務所は、芸能人の債務不履行につき連帯保証をしたとみられるような場合を除き、テレビ局・ラジオ局・番組制作会社・スポンサー等に

対して直接の法的責任を負わない。

　芸能人としては、雇用契約や請負契約の場合に比して広い裁量を有するが、その分、テレビ局等に対して直接法的責任を負うなど、責任の範囲も広くなる。

　なお、（芸能事務所と芸能人との間ではなく）テレビ局・ラジオ局・番組制作会社・スポンサー等と芸能人との間で、下請法の適用があり得る。

4　契約書式例

　以下に、参考として、エージェント契約におけるマネージメント契約書の書式例を掲載する。

書式例1　エージェント契約におけるマネージメント契約書（例）

マネージメント契約書

　芸能事務所○○（以下、「甲」という）とタレント○○（以下、「乙」という）とは、乙が甲の専属タレントとして芸能活動を行うことに関し、以下のとおり契約を締結する。

第1章　総則

第1条（目的）
　本契約は、甲と乙が、互いに対等独立の当事者として、相互の協力と業務提携を通じ、乙のタレントとしての技能の習得及び向上並びに甲の業績拡大を図り、もって相互の利益増大と文化の発展に寄与することを目的とする。

第2条（適用範囲）
　本契約は、乙が行う実演及び著作その他の創作活動並びにこれらに付随する

一切の活動（以下、これらを総称して「タレント活動」という）の全てに適用し、対象地域は、全世界とする。

第2章　甲及び乙の業務

第3条（マネージメント業務）
1　甲は、第1条所定の目的を達成するため、次条に定める乙のタレント業務につき、次の各号に掲げる業務（以下、「マネージメント業務」という）を行う。
　①　乙のタレントとしての才能を開花させ、タレントに必要な技能を習得・向上させるために必要かつ有益なレッスン、キャリア形成等（以下、「レッスン等」という）の機会を提供すること。
　②　乙が次条第3項所定の諸活動を行うにあたり、それらの活動の場を提供すると共に、テレビ局、ラジオ局、番組制作会社、スポンサー等との間で出演その他の実演についての契約を乙を代理して締結すること。
　③　乙に関わる以下の商品その他のコンテンツの制作、販売、配信若しくは貸与等を企画し、自らこれらを行い、又は、乙を代理してこれらの企画等を行う会社等との契約を締結すること。
　　ⅰ　乙の実演を録音・録画、その他の方法によって収録したコンテンツ
　　ⅱ　出版物（電子的出版物を含む。以下同じ）
　　ⅲ　著作その他の創作活動による著作物その他の成果物
　　ⅳ　ⅰ乃至ⅲまでに掲げるほか、乙のタレント業務による成果物又は乙の芸名、実名その他の氏名、写真、イラストその他の肖像、筆跡、音声、経歴等（以下、「氏名・肖像等」という）を用いた各種の商品、キャラクターグッズ、その他のコンテンツ
　④　乙に関わる各種のイベント、プロジェクト、役務提供その他の事業を企画し、自らこれを行い、又は乙を代理してこれらの企画等を行う会社等との契約を締結すること。
　⑤　乙のタレント業務に関する広告宣伝活動を行うこと。
　⑥　乙のファンクラブの運営その他乙のファンとの交流のための活動を行うこと。

⑦　乙のタレント業務のスケジュールを管理すること。

⑧　乙に対するイメージ並びに社会的評価及び信用を維持・増進するため、乙の露出調整並びに乙の名誉の毀損又は危険な実演等についての予防、対抗措置及び再発防止措置を行うこと。

⑨　乙がインターネット等のメディア上で集中的な批判、誹謗中傷等にさらされたときにそれらに対抗する措置及び乙への支援策を講じること。

⑩　乙のタレント活動に起因する法的紛争の予防、法的リスクの回避等の乙のタレント業務に伴う法的管理を行うこと。

⑫　その他、前各号に付随又は準じる事項及び第1条所定の目的のために必要となる一切の業務を行うこと。

2　甲は、マネージメント業務を善良なる管理者の注意をもって誠実に行う。

第4条（タレント業務）

1　第1条所定の目的を達成するため、乙は、第3項に掲げるタレント活動（以下、「タレント業務」という）を行う。

2　乙は、甲の専属タレントとしてタレント業務を行うものとし、甲の承諾を受けることなく、甲以外の第三者から、マネージメント業務の全部又は一部の提供を受けてはならない。

3　乙が行うタレント業務は、次の各号に掲げるとおりとする。

　(1)　実演

　　①　コンサート、舞台、イベント、講演会、朗読会等の実演企画への出演

　　②　テレビ、ラジオ、有線放送、インターネット放送等のメディアへの出演

　　③　コマーシャルその他の広告のための撮影及び出演

　　④　乙の実演を収録するコンテンツへの出演

　　⑤　映画への出演

　　⑥　新聞、雑誌、書籍その他の出版物のための撮影及び取材対応

　　⑦　ブログ等のSNSにおける実演

　　⑧　その他前各号に付随又は準じる実演等

　(2)　著作その他の創作活動

　　①　作詞、作曲、訳詞、編曲その他の音楽的創作活動

②　プログラムの制作

③　音響、映像等のコンテンツに関する創作

④　小説、随筆、脚本等の執筆、翻訳、その他の言語的創作活動

⑤　写真、映画、美術又は図形の創作

⑥　ブログ等のSNSにおける創作

⑦　その他、前各号に付随又は準じる著作その他の創作活動

(3)　付随活動

①　前条第1項5号の広告宣伝活動

②　ファンクラブその他乙のファンとの交流活動

③　甲が提供するレッスン等を受け、タレントとしての技能の習得・向上に努めること。

④　その他、タレント業務のために必要又は有益な一切の活動

第3章　権利の帰属等[※1]

第5条（知的財産権、パブリシティ権、肖像権）

1　甲及び乙は、乙のタレント活動において生じる知的財産権は、別段の定めがない限り、乙に属することを確認する。

2　甲及び乙は、乙の芸名に関する権利は乙に帰属することを確認し、乙は、甲に対し、第3条のマネージメント業務に必要な限りにおいて乙の芸名の利用権を与える。

3　甲及び乙は、乙の肖像権並びに乙の芸名及び肖像に関するパブリシティ権は乙に帰属することを確認し、乙は、甲に対し、第3条のマネージメント業務に必要な限りにおいて乙の肖像の利用権を与える。

第6条（第三者の権利侵害）

1　甲及び乙は、乙のタレント活動が第三者の権利を侵害した場合の法的責任は、乙が負担することを確認する。

2　乙が裁判等の法的紛争に巻き込まれたときは、甲は、これを可能な限り支援するものとする。

第4章　報酬及び費用

第7条（甲の報酬）

　乙は甲に対し、本契約に基づくマネージメント業務の対価として、別途合意する算定方法によって算定された報酬を別途合意する支払方法に従って支払う。

第8条（諸費用の負担）

　マネージメント業務及びタレント業務の遂行のために必要な費用の負担及び精算時期等については、甲乙で協議の上、別途定める。

第9条（報酬及び費用についての変更の協議）

　甲及び乙は、本契約の締結後〇年を経過するごとに、第5条の報酬の算定方法及び支払方法並びに前条の諸費用の負担の変更について、乙の業績、知名度、稼働年数及び甲の費やした労力、金銭や甲の貢献度等を踏まえて甲乙で協議する。

第5章　業務遂行上の遵守事項等

第10条（委任状の提出等）

　甲は乙に対し、マネージメント業務の遂行上必要があるときは、乙の委任状の提出又は第三者との契約締結にあたっての乙の署名押印その他の手続への協力を求めることができ、乙は直ちにこれに応じる。

第11条（権利侵害に対する適切な措置）

　甲及び乙は、本契約に基づく甲又は乙の権利を第三者が侵害したときは、相互の協力により、当該権利侵害を停止若しくは排除し、又はその権利侵害による損害を回復するための適切な措置（訴訟等の法的手続を含む）を執る。

第12条（業務に関連する事項等についての留意事項）

1　甲及び乙は、乙の私生活に関する事項であっても、甲乙の業務に密接に関わる事項又は甲若しくは乙と契約関係のある第三者に重大な影響を与えるおそれのある事項については、それぞれ細心の注意をもって取り扱う。

2　甲及び乙は、前項の事項を記者会見その他の方法により第三者に公表しようとするときは、甲乙で事前に十分に協議し、双方の業務に可能な限り支障が生じないよう留意する。

3　乙は、自己の健康管理に努め、タレント業務に支障がないよう留意する。

第13条（法令及び倫理の遵守等）

甲及び乙は、マネージメント業務又はタレント業務の遂行の際、その他のいかなる場面においても、法令及び社会的倫理規範を遵守するものとする。

第14条（秘密保持）

甲及び乙は、本契約の存続期間中及び終了後において、本契約の内容及び本契約の締結又は履行により知り得た相手方の業務上の秘密情報又は個人情報を第三者に開示又は漏洩してはならない。ただし、次の各号のいずれかに該当するものについては、この限りではない。

①　相手方から知得する以前に保有していたもの

②　相手方から知得する以前に公知であったもの

③　相手方から知得した後に、自らの責に帰すべき事由によらずに公知となったもの

④　正当な権限を有する第三者から秘密保持の義務を負わずに取得したもの

⑤　捜査機関、裁判所その他の国家機関からの法令に基づく請求又は命令により開示するもの

⑥　相手方の書面による同意を得たもの

第6章　契約期間及び契約の終了

第15条（契約の期間）

1　本契約の契約期間は、○○年○月○日から○○年○月○日までとする。

2　甲又は乙のいずれかが、前項の期間の満了する○ヶ月前までに相手方に対して契約を更新しない旨の書面による通知をしないときは、この契約は前項と同一の期間自動更新されるものとし、その後も同様とする。

第16条（契約の解除等）[※2]

1　甲は、乙に次の各号のいずれかの事由があるときは、相当の期間を定めて催告の上、本契約を解除することができる。ただし、専ら乙の健康上の理由によって本契約を解除しようとするときは、緊急やむを得ない場合を除き、6か月以上の予告期間を置かなければならない。

　①　本契約に違反したとき。

　②　公序良俗に反する行為若しくはそれに類する行為又は第11条に違反する行為をしたとき。

　③　甲の名誉又は信用を毀損するなど甲に対する背信行為を行ったとき。

　④　健康上の理由その他やむを得ない事由によって、乙がタレント業務の遂行を契約期間中継続して行うことが困難となったとき。

2　乙は、甲に次の各号のいずれかの事由があるときは、相当の期間を定めて催告の上、本契約を解除することができる。

　①　本契約に違反したとき。

　②　乙の名誉又は信用を毀損するなど乙に対する背信行為を行ったとき。

3　前2項の規定に拘わらず、甲又は乙は、相手方に次の各号のいずれかの事由があるときは、何らの催告を要せず直ちに本契約を解除することができる。

　①　前2項各号に掲げる事由が重大であり、本契約の存続が不可能又は著しく困難であるとき。

　②　倒産（私的整理及び破産、民事再生、会社更生、特別清算その他の法的倒産手続の申立てを含む）、手形不渡り又はこれらに準じる著しい業務不振その他の理由により、甲がマネージメント業務を行うことが不可能又は著しく困難になったとき。

③　相手方本人又はその関係者が反社会的勢力と関わりを有することが判明
したとき。

4　乙が死亡し又は次条の規定に基づいて廃業したときは、本契約は当然に終
了する。

第17条（特殊事情による休業及び廃業）

健康上の理由又は結婚、出産その他の私生活上のやむを得ない事由により、
乙がタレント業務を一定期間休業すること又は永続的に廃業することを希望す
るときは、乙は事前に甲と協議し、休業する期間、休業期間中の報酬及び費用
の取扱い、本契約の存続期間等について定めなければならない。

第18条（契約終了後の権利義務関係等）

1　本契約に基づき成立した第三者との契約関係は、本契約の終了後も引き続
き効力を有するものとし、甲及び乙は、当該第三者との契約が終了するまで、
引き続き本契約に基づく権利及び義務を有する。ただし、本契約終了後の権
利義務関係に関し、当該第三者との契約の規定と本条の規定とが抵触すると
きは、当該第三者との契約の規定に従う。

2　本契約終了後に乙が行ったタレント活動について発生する諸権利について
は、甲に帰属しない。

3　乙が本契約の存続期間中に使用した芸名であって、本契約の存続期間中に
甲によって命名されたものの権利の取扱いは、甲乙間で別途協議して定める。

4　本契約終了後においても、甲及び乙は、互いの名誉、信用を棄損するよう
な言動や誹謗中傷等を行ってはならず、乙は、甲所属の他のタレントの引抜
きをしてはならない。

第７章　その他

第19条（修正及び変更）

本契約の修正又は変更は、甲乙間の書面による合意によってのみその効力が
生じる。

第20条（譲渡等の禁止）

　甲及び乙は、相手方の書面による承諾を受けることなく、本契約に基づく権利又は義務の全部又は一部につき、第三者に対する譲渡、担保提供等の処分をしてはならない。ただし、合併その他の包括承継による場合は、この限りではない。

第21条（誠実協議）

　本契約に定めのない事項や本契約の解釈等について疑義を生じた事項、その他本契約について紛争が生じた場合は、甲及び乙は、互いに誠意をもって協議することによって解決を図るものとする。

第22条（合意管轄）

　甲及び乙は、本契約に関して生じた紛争に関する訴訟その他の裁判にかかる第一審の専属管轄裁判所を甲の本店所在地を管轄する地方裁判所とすることに合意する。

　本契約の成立を証するため、本契約書を2通作成し、甲乙が各自記名押印又は署名押印の上、甲乙が各1通ずつを保有する。

○○年○月○日

【甲】

（所在地）

（会社名）　　　　　　　　　　　　　　印

【乙】

(住所)

(芸名)

(実名)　　　　　　　　　　　　　　　印

※1　権利の帰属については様々なバリエーションがあり得るが、雇用契約な
　　いし請負契約の場合には、知的財産権等の譲渡ないし利用許諾、契約終了
　　後の扱い等についてより細かく定める必要がある。

※2　雇用契約の場合は、労働契約法16条の適用を受けるので注意が必要。
　　そもそも、労働時間等々の労働条件の明示をする必要があり、契約書とは
　　別に、労働条件通知書を交付する義務もある。

5 事 例

　以下では、芸能人と芸能事務所との間で起こりがちなトラブルの具体例を挙げ、それらのトラブルが法的にはどのように整理されるのかを契約形態ごとに説明していく。

Case 1

タレントから退所の相談を受けた……

　タレントが「事務所を辞めたいです」と相談に来ました。事務所としての対応を検討するにあたり、以下の諸点について法的な見解を教えてください。

　① 契約書上、事務所を辞める場合には、引退するか、あるいは、退所後一定期間の芸能活動を制限するという条項がありますが、これは法的に有効でしょうか。

　② 事務所がつけた芸名を今後は使わせないということは可能でしょうか。また、芸名が本名の場合はどうでしょうか。

　③ タレントのレッスンやプロモーションにかけた費用の補償を求めたいのですが、可能でしょうか。

　④ タレントのSNSアカウントについてはどのように対応すればよいでしょうか。

（1）　雇用契約の場合

① 退所後の活動制限

　タレントの退所後の芸能活動の制限（すなわち、競業避止義務の設定）は、タレントの職業選択の自由（憲法22条1項）等との関係で、その有効性が問題となり得る。

労働者の退職後の競業避止義務の有効性については、裁判例上、ⅰ労働者の企業における地位・職務、ⅱ企業の正当な利益の保護を目的としているか、ⅲ期間・場所的範囲・禁止される行為の範囲などの競業制限の程度、ⅳ経済的補償等の代償措置などを考慮の上、職業選択の自由に対する制約が合理的な範囲にとどまるか否かという観点から慎重に判断するものとされている。そして、競業避止義務の有効性は必ずしも簡単には認められておらず、労働者である芸能人についても同様に判断される可能性が高いものと考えられる。

したがって、芸能事務所としては、もしタレントの引退後の活動を制限するのであれば、制限する期間や活動範囲を絞ったり、代償措置をとるなど、タレントの職業選択の自由に十分な配慮をする必要がある。なお、近時は、タレントが他の芸能事務所に移る際には一定の移籍金を支払うこととして、プロモーション費用等の投下資本の回収という芸能事務所側の利益と活動制限の回避というタレント側の利益との調和を図る試みがなされている。

②　芸名の使用禁止

芸名の使用禁止も、競業避止義務の一種であると解される。そのため、禁止によってタレントの受ける制約が強いと、有効性が認められない可能性がある。特に、芸名が本名である場合には、制約の程度が強いと判断されるため、より慎重になる必要がある（詳細は、本章第3参照）。

③　費用償還請求

「雇用」されているタレントに対する費用償還については、労働基準法16条（賠償予定の禁止）に抵触しないかが問題となる。

この点については、企業が従業員に対して、研修・留学費用の返還を求める場合とパラレルに考えると、ⅰタレントが自ら希望してレッスンやプロモーションをしたのか、ⅱどの程度の期間事務所に所属し続けると返還が免除されるのか、ⅲかかった費用のうち芸能事務所とタレントそれぞれが負担する割合、ⅳタレント本人の利益にどの程度寄与したか（特定の番

組出演のためのものだったのか、汎用性のある能力を身につけるためのものだったのか、など）等の諸要素を勘案して、タレントに対する費用償還請求が不当な足止めとなるか否かという基準で判断されるべきであるといえる。

したがって、芸能事務所としては、タレントとの間で、レッスンやプロモーションの費用を退所時に返還してもらう旨の合意をする際には、費用の性質を考慮の上、かかった費用のうちタレントに負担してもらう割合、費用返還を免除する時期（どの程度の期間在籍し続けた場合に返還を免除するか）などについて、専門家の意見も聴きながら慎重に検討して決定し、それらを明記した合意書を取り交わしておくべきである。

④　SNSアカウントの取り扱い

SNSアカウントについては、芸能事務所が開設したものであったり、業務の一環として芸能事務所の指示に基づいて芸能人が開設したものであれば、雇用主が購入した業務用品と同様に考えられ、芸能事務所にて、アカウントを閉鎖するなどの措置をとることが可能である。

他方、芸能人自身の個人アカウントであって、芸能事務所に入所する前から芸能人が使用していたSNSアカウントについては、退所したことをもって、芸能事務所が一方的に閉鎖したり、アカウントの管理権を事務所に移行したりするようなことはできない。ただし、芸能事務所に所属中に業務の一環として行った投稿については、芸能事務所と芸能人との間の契約内容によっては、芸能事務所が削除を指示することなどができる場合があり、入所時の契約の際に、SNSに関する取り扱いをしっかりと協議しておくべきである。

（2）　請負契約の場合

①　退所後の活動制限

タレントの退所後の芸能活動の制限に関しては、公正取引委員会が、令和元年9月25日に実施された委員長と記者との懇談会の場において、「芸能分野で独占禁止法上問題となりうる行為の想定例」を公表している。そ

の中で、「所属事務所が、契約終了後は一定期間芸能活動を行えない旨の義務を課し、……移籍・独立を諦めさせること」は、優越的地位の濫用にあたり得るとされており、このことからすれば、無条件で退所後の引退を強制するような条項は無効と判断される可能性が高い。芸能事務所としては、タレントの退所後の活動制限については、雇用契約の場合と同様に、移籍・独立の不当な制限とならないよう慎重に条件設定をするべきである。

　なお、東京地裁平成18年12月25日判決（判例秘書登載、判例番号：L06135266）は、専属契約解消後2年間にわたって芸能活動を禁止する規定について、「実質的に芸能活動の途を閉ざすに等しく、憲法22条の趣旨に照らし、契約としての拘束力を有しない」と判断している。

　また、一般社団法人日本音楽事業者協会（音事協）が令和元年12月13日に公表した「専属芸術家統一契約書改訂のお知らせ」（https://www.jame.or.jp/wordpress/wp-content/uploads/2019/12/20191203_jame_info.pdf）によれば、専属芸術家統一契約書（「専属アーティスト標準契約書」に標題変更）においても、「仮に契約終了後にアーティスト活動を行わない旨を双方合意した場合であっても、本契約ではその合意は原則として効力を有しない」ことが明文化されている。

②　芸名の使用禁止

　芸名の使用に関しても、①で述べた「芸能分野で独占禁止法上問題となりうる行為の想定例」の1つとして、芸能人に属する氏名肖像権等の各種権利を芸能事務所に譲渡・帰属させているにもかかわらず、芸能事務所が当該権利の対価を支払わないことも優越的地位の濫用にあたり得るとされていることに留意する必要がある。少なくとも、何らの対価なしでタレントの退所後の芸名使用を禁止するような合意は無効と判断される可能性が高いといわざるを得ない。芸名が本名である場合に、より慎重になるべきであることは、雇用契約の場合と同様である。

③　費用償還請求

　請負契約の関係にあるタレントのレッスンやプロモーションの費用の負

担については、原則として、芸能事務所とタレントとの間の合意によって定まる。ただし、芸能事務所とタレントとの契約について下請法の適用がある場合に、芸能事務所が指定するレッスン等をタレントに利用させ、その費用をタレントに負担させることは、同法4条1項6号が禁止する購入・利用強制に該当する可能性があるため、注意を要する。

④　SNSアカウントの取り扱い

SNSアカウントについては、原則として芸能事務所とタレントとの間の合意内容に従うことになるが、明確に合意がなされていなかったような場合には、芸能事務所が退所するタレントに対してSNSアカウントの削除等を求める法的根拠が問題となる。

芸能事務所が開設したSNSアカウントで、それをタレントに貸与していた（その利用・運用を任せていた）といえるような場合には、退所と同時にその貸与に係る契約が終了したものとみることができ、芸能事務所としては、当該アカウントの管理権を事務所側に戻すよう請求し得るものと思われる。他方、タレントが事務所入所前から使用していたようなアカウントに関しては、何らかの明確な取り決めがなければ、芸能事務所がタレントに対してアカウントや投稿内容の削除等を求める法的根拠は見出し難いといわざるを得ない。

（3）　エージェント契約の場合

①　退所後の活動制限

退所後の活動制限については、（2）①で述べた請負契約の場合と同様の独占禁止法上の問題が生じ得る。

②　芸名の使用禁止

芸名の使用については、（2）②で述べた請負契約の場合と同様の独占禁止法上の問題が生じ得る。

③　費用償還請求

レッスンやプロモーション費用については、事務所がエージェントという立場に過ぎない以上は、委託者たるタレント自身が負担することが原則

となる。ただし、エージェント契約においても、芸能事務所は、代理人という地位のみならず、タレントのマネージメント業務（プロモーション等）を行うべき地位にもあり、契約条件によっては、事務所がプロモーション等に関して一定の費用負担をするということも考えられる。

④　**SNSアカウントの取り扱い**

SNSアカウントについては、請負契約と同様に、芸能事務所とタレントとの間で明確な合意がなければ、芸能事務所が開設したアカウントなのか、タレントがもともと保有していたアカウントなのか、などによって取り扱いが変わってくる。詳細は、（2）④を参照されたい。

Case 2

タレントの不祥事

不祥事（不倫、交通事故、刑事事件）を起こしたタレントについて、事務所としてどのような対応をとればよいでしょうか。

（1）　雇用契約の場合

芸能事務所は、出演先に対して、使用者責任（民法715条）に基づいて、従業員たるタレントの不祥事によって生じた損害を賠償する責任を負う。そして、賠償した損害については、タレントに求償することになるが、労働者に対する求償請求となるため、求償できる範囲はタレントの過失の程度などに応じて相当程度制限される。

また、各種報道などに関しては、芸能事務所は、労働者に対する安全配慮義務（労働契約法5条）の一環として、タレントを擁護し、可能な限りタレント活動に支障が生じにくくすべき義務を負う。

（2）　請負契約の場合

請負契約の場合は、出演先と直接の契約関係があるのは芸能事務所であ

るため、タレントの不祥事によって出演先に生じた損害の賠償責任（債務不履行責任）は、芸能事務所が負う。そして、芸能事務所は、芸能人に、請負契約に基づく契約不適合責任を追及することになる。

　ただし、芸能事務所とタレントとの間の請負契約上、芸能事務所の行う業務の中にはタレントのマネージメント業務も含まれていると解すべきであり、芸能事務所のマネージメント業務に不備があったことも不祥事の原因となっているような場合には、芸能事務所からタレントに対する求償請求は、過失相殺によって一定程度制限され得る。

　また、芸能事務所としては、マネージメント業務の一環として、タレントの利益を保護する義務があり、各種報道などについては、タレントの名誉を守るという観点から適切に対応することが求められる。

（3）　エージェント契約の場合

　エージェント契約の場合、タレントと出演先との間で直接の契約関係があるため、タレントの不祥事があった場合、出演先に対して直接の損害賠償責任を負うのは、タレントとなる。もっとも、芸能事務所が、出演先との間で、当該タレントのマネージメントをすることについて合意していたとみられるようなときには、芸能事務所も、共同不法行為（ないし債務不履行）として、出演先に対してタレントと共同して責任を負うことはあり得る。その場合、タレントと芸能事務所の間の損害の負担割合は、両者の過失割合などで定まる。

　芸能事務所に、各種報道などについて、マネージメント業務の一環として、タレントの名誉を守るという観点から適切にタレントの利益を保護する義務があることは、請負契約の場合と同様である。

Case 3

タレントが犯罪に巻き込まれた！

タレントが犯罪（例えばファンからのストーカー等）に巻き込まれた場合に、芸能事務所としてどのような対応が必要でしょうか。あるいは、タレントがインターネット上で誹謗中傷を受けている場合にはどのような対応が必要でしょうか。

（1）　雇用契約の場合

　芸能事務所は、雇用契約に付随する安全配慮義務の一貫として、タレントの安全を守る対応をすべき義務を負う。そのため、芸能事務所としては、ストーカー被害等についてタレントからの相談にいつでも応じることができるような体制を整えておき、被害発生後は、速やかに刑事告訴等の対応をとることが求められる。また、インターネット上での誹謗中傷などが発生したときには、必要に応じて、イベント企画元や番組制作会社等へのイベント・番組内容の変更の申し入れなどの適切な措置を講じなければならない。

　なお、法的紛争の解決手段の詳細については、第4章を参照されたい。

（2）　請負契約、エージェント契約の場合

　上述してきたとおり、請負契約やエージェント契約の場合であっても、芸能事務所としては、マネージメント業務の一環として、ストーカー被害やインターネット上での誹謗中傷からタレントを保護する義務を負う。

　具体的に、芸能事務所がどの程度の措置をとることまで求められるのかは、タレントとの契約の中において、芸能事務所がタレントを保護すべき趣旨がどの程度読み込めるかによって異なる。例えば、タレントの裁量の幅が広いような場合には、芸能事務所として対応すべき範囲は相対的に狭くなると考えることができ、逆に、タレントの裁量がさほど大きくない場

合には、芸能事務所としては、雇用契約の場合と同等程度の安全配慮を行う義務を負担すべきであると解釈され得る。

Case 4

タレントの闇営業

　専属契約をしているタレントが闇営業をしていました。どのような対応をとることができるでしょうか。

（1）　雇用契約の場合

　雇用契約の場合、タレントは、雇用契約上の誠実労働義務ないし職務専念義務により、事務所に対してなされた仕事のオファーを、事務所に無断で自身で受任して、直接報酬を得るようなことは認められない。

　他方で、労働者の副業制限は、業務に具体的な支障が生じるなどの特段の事情がない限り認められておらず、友人の結婚式での余興など、個人的なつながりで得た仕事を勤務時間外に本業の業務に支障のない範囲で副業として行うことは制限できない。

　実際上、事務所の業務として行うべき仕事と副業として行うことができる仕事の線引きは難しいことが多い。芸能事務所としては、あらかじめ、専門家とも協議の上で、タレントが副業として行うことのできる場合について可能な限り明確な基準を設けるとともに、副業を行う際の手続を設定し、それらをタレントに周知しておくことが、トラブル予防の観点から重要となる。

（2）　請負契約、エージェント契約の場合

　タレントが、専属契約の定めがあるにもかかわらず、当該定めに違反して芸能事務所を通さずに「闇営業」をしていた場合、法的には、タレントは、当該「闇営業」に係る業務によって芸能事務所が得られたはずの利益

相当額について、芸能事務所に損害賠償義務を負う。また、契約条件によっては、「闇営業」を行っていたことは契約解除事由にも該当し得る。

　したがって、芸能事務所としては、タレントに対して、損害賠償請求や、場合によっては契約解除をなし得る。

　ただし、専属契約については、あまりに一方的な条件によってタレントの芸能活動を拘束すると、「排他条件付取引」（「不公正な取引方法（昭和57年公正取引委員会告示第15号）」一般指定11項）にあたるとして独占禁止法上の問題が生じ得る。また、芸能事務所とタレントは、継続的な取引関係にあるため、契約書の文言上の契約解除事由に該当したとしても、直ちに契約解除が認められるとは限らず、信頼関係が破壊されたといえるか、契約を継続し難いといえるやむを得ない事情があるか、契約解除にあたっての補償がどの程度なされたか、などから契約解除の可否が判断されることにも注意を要する。

Case 5

イベント出演の取り止め

イベント出演が突然取り止めになったときも、タレントに対する報酬を支払うべきでしょうか。

（1）　雇用契約の場合

　使用者の責めに帰するべき事由により休業となったときは、使用者は60％以上の休業手当を支払わなければならない（労働基準法26条）。

　この場合の「使用者の責めに帰するべき事由」は、「使用者側に起因する経営、管理上の障害」と広く解されており、例えば、イベント主催者側の事情による場合であっても、芸能事務所のタレント（労働者）に対する休業手当の支払義務は免れない（芸能事務所としては、別途、イベント主

催者側に損害賠償請求をなし得る）。

　また、特定のイベントが、悪天候等の不可抗力によって中止となったとしても、他に行い得る仕事があれば、タレントをその仕事に就かせなかったことが「使用者の責めに帰するべき事由」となって休業手当の支払義務が肯定される可能性もある。

（2）　請負契約の場合

　契約上、イベントが中止になったときについての特約が定められていれば、原則として、当該定めに従って処理されることとなる。

　そのような特約がないときには、民法の原則に従って、芸能事務所に帰責事由があればタレントは報酬請求をすることが可能となる。他方、タレント側に帰責事由があれば、タレントの報酬請求は認められない。そして、双方のいずれにも帰責事由がない場合には、危険負担の問題となり、芸能事務所は出演料支払義務の履行を拒絶することができる（民法536条1項）。

（3）　エージェント契約の場合

　出演契約は、イベント主催者とタレントとの間で成立しているため、両者の間の法律関係が主に問題となる。

　契約上の特約があれば、原則としてそれに従うことになるのは、請負契約の場合と同様である。

　そのような特約がない場合、イベント主催者に帰責事由があれば、報酬請求は可能であるが、タレント側に帰責事由があれば、報酬請求はできない。もっとも、イベント主催者とタレントの間に入っている芸能事務所に帰責事由があれば、タレントは、芸能事務所にエージェント契約の債務不履行に基づく損害賠償請求をなし得る。

　いずれにも帰責事由がない場合は、危険負担の問題となり、タレントの出演義務は履行不能となって、イベント会社は出演料支払義務の履行を拒絶することができる（民法536条1項）。

第2 芸能人と芸能事務所、テレビ局との関係

1 総　論

（1）　芸能人と芸能事務所、テレビ局との関係

　芸能人は、一般的には、芸能事務所に所属し、同事務所を通じてテレビ出演などの仕事を行うこととなる。そのため、芸能事務所との契約がどのようになっているのか、これによってテレビ局及びテレビ制作会社等（以下、「テレビ局等」という）との契約関係も影響を受ける。

　本章第1で考察したとおり、芸能人と所属事務所との契約は、主に①雇用契約（労働契約）、②請負契約（請負型の業務委託契約）、③エージェント契約（委任契約）の3つに分けられるが、①と②の場合は、原則として芸能事務所が、テレビ局等と直接契約を結ぶことが多いだろう（図表5(A)のパターン）。この場合、芸能人は、例えばそのテレビ番組の出演を下請として行うか（②の場合）、いわば派遣労働として当該テレビ番組に出演することになろう（①の場合）。しかし、①、②の場合は、必ずテレビ局等との契約当事者は芸能事務所になるというわけではない。別の定めをすることは可能であり、芸能人とテレビ局等との契約とすることも可能である（図表5(B)のパターン）。

　一方、③のエージェント契約であれば、当該芸能人とテレビ局等が直接

図表5　芸能人と芸能事務所、テレビ局の契約関係図

(A)　テレビ局等 　←　出演契約 　→　所属事務所 　→　雇用・請負契約 　→　芸能人

(B)　テレビ局等 　←　出演契約 　→　芸能人

契約を結ぶことになる。この場合、図表5(A)のパターンになることはない。所属事務所は、代理人的な立場に過ぎず、図表5(B)のパターンでの契約関係となる。

　もっとも、たとえ事務所との契約がエージェント契約であったとしても、芸能人がテレビ出演する際に、テレビ局等との間で契約書を作成していない場合が往々にしてある。そのため、芸能人本人が、自身の出演料を把握することなく、出演契約を締結している場合もある。エージェント契約（委任契約）であれば、芸能人は当然に、自身にその契約効果が帰属する出演契約の内容を知る権利があり、所属事務所に確認することはもちろん、テレビ局等に確認することも法的問題はない。逆に、所属事務所が、その内容を当該芸能人に教えないということはできない。

　以上に述べるとおり、三者間の法律関係は、図表5(A)のパターンか、図表5(B)のパターンかは、本章第1で述べた芸能人と芸能事務所の間の契約の3類型と相関関係を持ちながらも、それだけでは一概に決まらないということになる。この点の法律関係があいまいなままでは何かとトラブルになりやすい。業界の慣行で、出演者との取り決めについてきちんと契約書を作成しないままテレビ番組の制作を進めることが多いが、三者間の法律関係を明確にするためにも、契約書の作成は必ず行うべきであろう。

　この点、スポーツ選手や芸能人、あるいはITエンジニアのようなフリーランスで働く人々と、それに対する発注者との取引の公正なあり方を分析し、提言をまとめた公正取引委員会の平成30年2月15日付「人材と競争政策に関する検討会報告書」（資料（146頁以下）参照）においても、役務提供者（例えば芸能人）への発注を全て口頭で行うことは「競争政策上望ましくない行為」であると指摘されているところである。

　また、判例では、芸能人や芸能事務所に対する当該芸能人の出演を求めるテレビ局等の出演契約は、請負契約の性質を有していると分析したものがある（東京地裁平成28年1月25日判決・判タ1427号205頁）。テレビ局等や芸能事務所からすれば下請という側面を有する。出演業務は、法的には

「役務提供」ということになるが、役務提供委託契約の場合、親事業者（委託者）が資本金5,000万円超、下請事業者（受託者。個人含む）が資本金5,000万円以下の場合、あるいは親事業者が資本金1,000万円超5億円以下、下請事業者（個人含む）が資本金1,000万円以下の場合、その役務提供に対する対価は下請代金として評価されることとなり、下請法の適用を受ける可能性がある。下請法によれば、親事業者には発注書面の作成義務、交付義務、保存義務が課せられている（これについては罰則もある）。

　したがって、テレビ局等には、その出演業務の内容や発注条件等について、きちんと書面にすることが求められている。

（2）　出演契約の性質

　芸能人あるいは芸能事務所とテレビ局等との間で出演契約を締結していた場合において、特段芸能人側には何の問題もないのにもかかわらず、突然出演が中止、降板となることがある。この場合、どのような法律問題になるだろうか。

　出演の中止、すなわち降板は、法的にはテレビ局等からの一方的な出演契約の解除に該当する。そこで、出演契約の性質が問題となる。

　この点、前述の東京地裁平成28年1月25日判決は、出演契約は、請負契約の側面を有するとともに、「仕事の完成」だけでは捉えられない性質もあり、委任契約の側面も有していると評価している。

　出演契約を委任契約だと評価すれば、仮に何らの契約書もないとすると、民法651条1項に基づいて、両当事者はいつでも契約を解除できるのが原則となる。もっとも、その契約が受任者の利益のためにもなっており、委任者も解除権を放棄した事情が存在した場合には、一方的な解除は許されないと解し得る余地がある（最高裁昭和56年1月19日判決・判タ438号93頁）。委任者が本件委任契約の解除権自体を放棄したものとは解されない事情があるかどうかは、具体的には、本件契約の趣旨、目的、本件契約によって双方当事者が得る利益の程度（本件契約の当事者間の相互利用関係・相互依存関係の程度など）、本件契約の存続に関する契約書の定め等、

本件契約に関する諸事情を総合考慮して判断すべきとされている（東京高裁平成28年1月19日判決・判時2308号67頁）。

　ただし、当該芸能人は、その出演のために、スケジュールを押さえていた可能性があり、突然の降板はその予定を狂わせる。したがって、解除が有効だとしても、民法651条2項に基づいてその逸失利益等の損害賠償が問題になる可能性がある。

　次に出演業務は単なる委任ではなく、前述の判例が分析するとおり、出演して番組や舞台を完成させる請負契約の側面も有していると考えられる。ただし、請負契約の場合も、民法641条によれば、発注者の側は、仕事が完成しないまでの間はいつでも解除できることとなっていて、その場合、請負者（この場合、芸能事務所もしくは芸能人）の側に損害を賠償する必要がある。

　よって、契約書等に特段の定めがあるなど、発注者の側が解除権を放棄したと評価し得る事情がない限りは、発注者の側からの一方的な出演中止、降板は有効ではあるが、芸能事務所もしくは芸能人に対する損害の賠償が必要となる可能性がある。

　逆に、民法上、請負人の側からは、原則として一方的な解除はできない。そこで、当該芸能人の側の一方的な出演拒否は、よくトラブルとなるところである。もっとも、ある作品に対する出演は、当該芸能人と番組スタッフらとの特殊な信頼関係を基礎に成立し得るものであり、その信頼関係が失われる等の相当の事情が存在する場合には、当該芸能人に無理強いはできないであろう。前掲の東京地裁平成28年1月25日判決は、主演女優の出演拒否のために公演が中止となったとして、制作会社側がその女優と芸能事務所に損害の賠償を求めた事案であるが、出演拒否に至る事情を丁寧に認定して、当該出演拒否が、債務不履行にも不法行為にも該当しないと判断している。

　いずれにしても、こうしたトラブルを回避するためにも、出演条件等について書面化しておくことが望ましいということになろう。

２　事　例

Case 6

報酬額の開示請求

　タレントが、自身の出演業務に関するテレビ局等と芸能事務所の間の報酬額の開示を求めることはできますか。また、テレビ局等や芸能事務所にはその開示義務はありますか。

　この問題は、本章第１で論じた芸能事務所とタレントの間の契約、そして前記１で説明したテレビ局等と芸能事務所とタレントの三者間の法律関係を場合分けしながら考える必要がある。

（１）　当該出演契約がテレビ局等と芸能事務所との契約である場合（図表５Ⓐのパターン）

①　芸能事務所とタレントとの間の契約が雇用契約である場合

　この場合、タレントとしてはテレビ局等から直接報酬を受けるわけではなく、芸能事務所から雇用契約に基づいて報酬を支給される立場に過ぎないので、テレビ局等としても芸能事務所としてもそれを開示する義務はない、ということになろう。

②　芸能事務所とタレントとの間の契約が請負契約である場合

　この場合も、テレビ局等と芸能事務所との間の契約と、芸能事務所とタレントとの間の契約は別個のものであるので、タレントの側がテレビ局等と芸能事務所の間の契約内容の開示を求めても、原則的にはその開示をする義務はない、ということになりそうである。

　しかしながら、タレントと芸能事務所の間の契約において、当該出演業務に関する報酬額が、テレビ局等からの売上の○％といった決め方になっていたとする。その場合、タレントとしては、テレビ局等からの芸能事務

所の売上が判明しないことには、芸能事務所から適正な報酬が支払われているかどうか検証できないこととなる。したがって、このような場合には、タレントは、芸能事務所に対して、芸能事務所との間の契約に基づいて、テレビ局等からの売上の明細の開示を求めることができ、芸能事務所の側にも当該契約に基づく信義則上の義務としてその開示をすべき義務があると考えられる。

　一方、テレビ局等については、直接タレントに報酬額の開示をなす義務はないと考えられる。タレントとは直接の契約関係にないからである。

（2）　芸能事務所とタレントとの間の契約がエージェント契約である場合

　この場合は、前述のとおり、当該出演契約の当事者は、テレビ局等とタレントということになる（図表5(B)のパターン）。芸能事務所はあくまでエージェント、すなわち、タレントの代理人的立場にあるに過ぎない。そこで、タレントは、テレビ局等との出演契約の当事者として、当該契約に基づいて、その主演業務に関する報酬額の開示をテレビ局等に対して直接求めることができる。

Case 7

恋愛禁止条項

　アイドル活動を行うタレントと所属事務所との契約において、恋愛禁止条項が定められていた場合に、恋愛をすることはやはり不可能なのでしょうか。

　もし、タレントが隠れて恋愛をし、これが発覚した場合、所属事務所から契約解除や損害賠償等請求されるのでしょうか。また、所属事務所との契約解除に伴って、出演を予定していたイベントがキャンセルとなった場合、イベントの企画会社からも損害賠償請求されるのでしょうか。

（1）　恋愛禁止条項に関する2つの判決

　第3章第1・1⑤でも論じるが、所属事務所との間で恋愛（交際）禁止条項を含んだ芸能活動に係る専属契約を締結していたタレント（アイドル）が、恋愛禁止条項に違反したことを理由に、所属事務所から損害賠償請求された事案として、東京地裁平成27年9月18日判決・判時2310号126頁（以下、本事例において「①判決」という）、東京地裁平成28年1月18日判決・判タ1438号231頁・判時2316号63頁（以下、本事例において「②判決」という）がある。両判決は、結論を異にしており、参考とすべき判決である。

　①判決は、専属契約書に「ファンとの親密な交流・交際等が発覚した場合」契約解除、損害賠償請求できる旨記載があり、所属事務所におけるアーティスト規約事項に「私生活において、男友達と二人きりで遊ぶこと、写真を撮ること（プリクラ）を一切禁止致します。発覚した場合は即刻、芸能活動の中止及び解雇とします」「CDリリースをしている場合、残っている商品を買い取って頂きます」「異性の交際は禁止致します」との記載がある事案であった。判決は、結論として、上記恋愛禁止条項等を有効として、これに反し恋愛をし、発覚に至ったとして、タレントの債務不履行責任及び不法行為責任を認めた。

　他方、②判決は、明確な恋愛禁止条項はなかったものの、専属契約書に「ファンと性的な関係をもった場合」「あらゆる状況下においても原告の指示に従わず進行上影響を出した場合」「原告がふさわしくないと判断した場合」を禁止する条項が規定され、これに違反した場合には契約解除及び損害を被った場合には損害賠償請求できる旨の記載がある事案であった。かかる判決は、「アイドルが異性と性的な関係を持ったことが発覚した場合に、アイドルには異性と性的な関係を持ってほしくないと考えるファンが離れ得ることは、世上知られていることである。……そのため、マネージメント契約等において異性との性的な関係を持つことを制限する規定を設けることも、マネージメントする側の立場に立てば、一定の合理性があるものと理解できないわけではない」としつつ、他方で「人に対する感情

は人としての本質の一つであり、恋愛感情もその重要な一つであるから、かかる感情の具体的現れとしての異性との交際、さらには当該異性と性的な関係を持つことは、自分の人生を自分らしくより豊かに生きるために大切な自己決定権そのものであるといえ、異性との合意に基づく交際（性的な関係を持つことも含む。）を妨げられることのない自由は、幸福を追求する自由の一内容をなすものと解される。とすると、少なくとも、損害賠償という制裁をもってこれを禁ずるというのは、いかにアイドルという職業上の特性を考慮したとしても、いささか行き過ぎな感は否めず、芸能プロダクションが、契約に基づき、所属アイドルが異性と性的な関係を持ったことを理由に、所属アイドルに対して損害賠償を請求することは、上記自由を著しく制約するものといえる」として、損害賠償を請求できるのは、タレントが所属事務所に積極的に損害を生じさせようとの意図を持って殊更性的関係にあることを公にしたなど、所属事務所に対する害意が認められる場合等に限定されるものとして、当該事案では損害賠償請求を認めなかった。

（2）　恋愛禁止条項の違反に基づく契約解除

恋愛禁止条項あるいは性的関係禁止条項は、②判決が指摘するように、自己決定権を制約するものであり、私生活上の行動を制限するものであるが、このことをもって直ちに当該条項が無効とはならないであろう。芸能事務所においても、ファンが求めるアイドル像（アイドルとしての商品価値）を前提に、育成、宣伝・広告等といった初期投資をし、その後にチケットやグッズ等の売上を伸ばし投資を回収するといったビジネスモデルを有していることから、タレントとの間で恋愛禁止の合意をすることは一定の合理性があるといえる。

そうだとすれば、ⅰ当該条項の内容とその趣旨、ⅱタレントが、当該恋愛禁止条項の内容を理解していたのか、ⅲ恋愛禁止期間が長期間に及ぶなどタレントの自己決定権や私生活を不当に制約していないか、ⅳ事務所側が交際を黙認し続けていたなど当該条項が形骸化していなかったのか、ⅴ

当該条項違反により事務所側には具体的にどのような不利益が発生するのか等を考慮することで当該条項や契約解除の有効性が判断されるだろう。他方、タレント側としては、事務所との契約が雇用契約であれば解雇権濫用、委任契約等であれば解除事由の存否を争うこととなる。

　なお、②判決において、所属事務所とタレントの契約関係につき、「雇用類似の契約」とされているところ、このような契約の解除については、第3章第1・1にて詳述する。

（3）　恋愛禁止条項の違反に基づく損害賠償請求

　例えばタレントの恋愛について多額の違約金を定めるなど、損害賠償という制裁をもって禁ずる条項の有効性も慎重な判断が必要となろう。②判決では、性的関係禁止条項につき、タレント側に積極的害意がある場合に限って損害賠償義務を負うと限定的に解釈しており、当該条項が無効であるとまでは判断しなかった。

　タレントの自己決定権・幸福追求権と、当該タレントのアイドル像とその売り出しに資本を投下した芸能事務所側の事情を考えれば、ここでも一律に損害賠償規定について有効か無効かを判断することは難しい。前記(2)の ⅰないしⅴ 等の事情を検討することになろう。その際②判決が、「損害賠償という制裁をもってこれを禁ずるというのは、……いささか行き過ぎな感は否め」ないと指摘して、「積極的害意」の有無を要件として求めたように、タレント（アイドル）といえども損害賠償義務を負わせてまでその私生活上の自由を制限することにはむしろより慎重であるべきであろう。ファンがタレント（アイドル）に何を求めるかについても、時代とともに変わりゆくものでもある。

　ところで、恋愛発覚等に伴い、出演予定のイベントがキャンセルされた場合、イベント企画会社からも損害賠償請求され得るだろうか。この点、タレントと事務所との契約が雇用契約もしくは請負契約であれば（本章第1参照）、事務所がイベント企画会社に損害賠償義務を負う可能性がある（ただし、前述のように事務所からタレントに対する損害賠償請求の問題

は生じる）。エージェント契約の場合は、タレントは、イベント企画会社から直接、損害賠償請求される可能性がある。この場合、イベント企画会社との契約に、恋愛発覚等の場合は降板となるというような内容が含まれているのかどうか、恋愛発覚等によるイベント降板に合理性があるのか等の事情を勘案しつつ判断することになろう。

3　おわりに

　ここまで考察したとおり、テレビ局等、芸能事務所、出演する芸能人の三者の関係は、様々な契約パターンがあり得てトラブルになりやすい。前述の公正取引委員会の平成30年2月15日付「人材と競争政策に関する検討会報告書」（資料（146頁以下）参照）は、芸能人のようなフリーランスの「役務提供者」に対する発注条件について、できる限り書面化し、しかも明確で、透明性の高いものとすることを求めているところである。

第3 その他の芸能人・芸能事務所をめぐる法律問題

　本節では、知的財産権を中心に、他の章・節で取り上げられなかった法律問題を扱う。

1 芸名・グループ名に関する権利（パブリシティー権、商標権など）

（1）　芸名は誰のものか

　戸籍上の氏名や私生活上使用している氏名とは異なる名称、いわゆる芸名を用いる芸能人は多い。音楽やダンス、お笑いなどのグループやコンビを組む場合、グループ名を用いるのが通常である。

　氏名は、単に他人との識別及び当該個人の特定をするためのものにとどまらず、「人が個人として尊重される基礎であり、その個人の人格の象徴であって、人格権の一内容を構成するもの」とされている（「NHK日本語読み訴訟上告審判決」最高裁昭和63年２月16日判決・民集42巻２号27頁）。芸能人という社会的な人格の象徴である芸名についても同様に人格権を構成する。また、グループ名についても、氏名と同様に人格権として保護される（「ピンク・レディー事件上告審判決」最高裁平成24年２月２日判決・民集66巻２号89頁[2]）。

　人格権は一身専属的な権利であるから、芸名やグループ名に関する人格権は、芸能人本人やそのグループ自体に属する。その意味で、芸名・グループ名は、芸能人（たち）自身のものである。

（2）　商標権と芸名

　その一方で、芸能事務所は自社に所属する芸能人の募集、育成及び広告に少なくない資本を投下する。そうした大切な「商品」である、芸能人の名声へのただ乗りを防ぐために、商標登録（商標法4条1項8号）をすることは合理的である。芸能活動に使用されている名称を芸能事務所が商標登録することは、理論的には可能である。ただし、2つのハードルがある。

　1つは、芸能人本人の承諾である。芸能事務所が芸能人の芸名を商標登録することは、「他人の……氏名若しくは名称若しくは著名な雅号、芸名若しくは筆名若しくはこれらの著名な略称を含む商標」（商標法4条1項8号）の登録に該当するので、芸能事務所との関係で「他人」である芸能人本人の承諾を得なければ商標登録ができない（同号かっこ書き）。もっとも、芸能事務所との関係が良好である間は、十分可能であろう。

　もう1つのハードルは、より高い。商標登録のため出願された氏名や芸名が全く無名の第三者（一般人）の氏名と一致する場合、上述した「他人の……氏名若しくは名称……を含む商標」（商標法4条1項8号）に該当してしまう。その第三者を全て探し出して承諾を得るのは、事実上不可能であろう。芸能人本人が出願をする場合や、芸能人の承諾を受けた芸能事務所が出願をする場合にも、商標法4条1項8号を理由として登録拒絶の査定がなされる（商標法15条1号）のが通例といわれる[3]。

　それでも特許庁が提供する「特許情報プラットフォーム」にジャニーズ事務所やバーニングプロダクションといった有名芸能事務所の名称を入力して検索すると、グループ名や芸名が商標登録されていることが確認できる。

2　同判決は、「人の氏名、肖像等（中略）は、個人の人格の象徴であるから、当該個人は、人格権に由来するものとして、これをみだりに利用されない権利を有すると解される」としている。「ピンク・レディー」というグループ名とピンク・レディーの写真が無断で使用されたという同判決の事案では、ピンク・レディーのメンバー（ミー及びケイ）の個別の芸名の使用も、各本名も問題になっていない。グループ名についても人格権を認めたと解釈してよいと思われる。なお、グループ名についてパブリシティ権を認めたものとして、東京地裁平成10年1月21日判決・判タ997号245頁がある。

3　宮脇正晴「芸能人と芸名をめぐる法律問題」（法学教室479号51頁以下所収）52頁。

　芸名の商標登録に関して紛争が生じるのは、芸能人が芸能事務所を離れるときである。例えば、「加勢大周」という芸名の使用を芸能事務所が禁止し、その有効性が争われた裁判[4]は耳目を集めた。商標の効力が問題となった事例としては、クリスタルキング事件[5]や、「加護亜依」に関する紛争[6]がある。

　芸名やグループ名の使用について制限をかけられた芸能人側の対抗策としては、人格権は譲渡不能であるとする理論を用いることが考えられる。すなわち、芸名やグループ名を使用する権利は人格権又は人格権に由来する権利であると主張する。あるいは、パブリシティ権（後述）を生じるものであると主張する。その上で、当該制限は、本来は譲渡できない芸名・グループ名に関する人格権を譲渡させるに等しいから無効であると主張することが考えられる。また、当該制限について、「不公正な取引方法」（昭和57年公正取引委員会告示第15号）のうち「拘束条件付取引」（同12項）に該当し、公序良俗に反して無効である（民法90条）と主張することも考えられる。なお、独占禁止法違反が直ちに公序良俗違反となるわけではないことには留意が必要である。

　商標権に基づいて使用を制限される場合の対抗策としては、自身の氏名、芸名又はグループ名が「自己の肖像又は自己の氏名若しくは名称……を普通に用いられる方法で表示する商標」（商標法26条1項1号）であり商標権の効力が及ばないと主張することが考えられる。また、当該タレントが当該芸能事務所を離れた以上、当該芸能事務所が商標登録したタレントの

4　第一審（東京地裁平成4年3月30日判決・判タ781号282頁）では専属契約の契約期間は10年間であるとし、その期間中である以上は芸能事務所の許諾なく「加勢大周」名義での芸能活動はできない旨の判決が言い渡された。控訴審（東京高裁平成5年6月30日判決・判時1467号48頁）では上記専属契約の契約期間は1年間と認定され、芸能事務所側の主張が全て棄却されるとともに芸能人側の反訴請求（芸能事務所の指示に従う義務がないことの確認請求）が認められた。なお、第一審判決においては、「加勢大周」が商標登録されていたと認定され、控訴審でもその認定は維持されている。しかし、商標登録されたという事実は確認できなかった。

5　東京地裁平成22年3月26日判決・平成21年（ワ）1992号（裁判所Webサイト掲載）。

6　地財高裁平成27年7月30日判決・平成27年（行ケ）10057号（裁判所Webサイト掲載）。

芸名やグループ名を利用して事業を行う場面は限られる。そこで、権利者が3年以上当該商標を使用していない場合には、商標登録取消審判（商標法50条1項）を申し立てることも考えられる。前述の「加護亜依」に関する紛争は、芸能人が芸能活動を控えていた時期があったこともあり、同審判によって、指定役務の一部の登録が取り消されたものである。なお、これらの主張のほか、芸能活動阻害の態様次第では権利濫用との主張もあり得るであろう。

（3）　パブリシティ権と芸名

パブリシティ権とは、人の氏名、肖像等が有する商品の販売等を促進する顧客吸引力を排他的に利用する権利である[7]。「氏名、肖像から生ずる顧客吸引力の持つ経済的利益ないし価値」を「パブリシティ価値」と定義し、これを排他的に支配する財産的権利をパブリシティ権と定義した裁判例もある[8]。

パブリシティ権は氏名や肖像など「それ自体の商業的価値に基づくものであるから」、「人格権に由来する権利の一内容を構成する」とされる（前掲・最高裁平成24年2月2日判決）。

芸名やグループ名も、芸能活動を通じて顧客吸引力を獲得していく。その顧客吸引力を排他的に利用する人格権由来の権利としてのパブリシティ権は芸能人本人に帰属する。グループ名の場合には、当該グループ全体に帰属する（グループ構成員の共有になる）と考えられる[9]。

しかし、パブリシティ権の権利内容・保護範囲は、パブリシティ権の性質から演繹的に定まるものではない。例えば、著作者人格権についての不行使の合意が一般的に広く行われている（その有効性に疑義があることはひとまず措く）。パブリシティ権としての芸名・グループ名の使用権限が

7　「ピンク・レディー事件上告審判決」最高裁平成24年2月2日判決・民集66巻2号89頁。
8　東京地裁平成10年1月21日判決・判タ997号245頁。
9　グループの関係を組合契約であるとして説明するものとして『エンターテインメント法務Q&A』（民事法研究会、2017年）138頁以下（大橋卓生執筆部分）がある。

人格権に由来するとしても、著作者人格権と同様に合意による制限があり得る。そうであれば、不行使の合意をした上でパブリシティ権の財産権部分についてのみ譲渡するということも可能とみる余地がある。人格権に由来することそれ自体から結論を演繹するのではなく、パブリシティ権とそれに関する合意の内実に従った解釈によって結論が定まると思われる。

2　著作隣接権（実演家の権利）

（1）　芸能人は「アーティスト」だ！

　芸能人（の一部）は、しばしば「アーティスト」と呼ばれる。元々は芸術家を表す用語だが、音楽、舞踏、演劇など伝統的な芸術（art）の分野に属する場合はもとより、話芸やお笑いのような通俗的な分野においても創作的な表現活動をする芸能人は多々存在する。創作活動を保護する法律としては著作権法がある。芸能人が音楽などの著作物を創作した場合、その著作物の著作者・著作権者として保護される。しかし、著作物を創作した場合でなくても、創作的な活動について「実演家」として保護を受けるときがある。著作者・著作権者ではなく専ら実演家として活躍する芸能人も多い。

（2）　実演家としての権利

　著作権法は、実演家（同法2条1項4号）について一定の権利を著作隣接権として保護している（図表6参照）。

　これらのうち、実演家人格権（著作権法89条1項）及び著作隣接権（同条6項）については差止請求権（同法112条）が認められている。このように、実演家の行為はその人格が表出する準創作的行為として保護されている[10]。

　実演家の著作隣接権は、実演を始めた時点から始まり、実演の翌年から

10　中山信弘『著作権法（第2版）』（有斐閣、2014年）540頁。

図表6　実演家の権利

内容		条文
実演家人格権	氏名表示権	90条の2第1項
	同一性保持権	90条の3第1項
著作隣接権	録音権・録画権	91条1項
	放送権・有線放送権	92条1項
	送信可能化権	92条の2第1項
	譲渡権	95条の2第1項
	貸与権	95条の3第1項
報酬・使用料に関する権利	有線放送業者からの報酬	94条の2
	貸レコード業者からの報酬	95条の3第3項
	商業用レコードの二次使用料	95条1項

起算して70年を経過した時点まで保護される（同法101条1項1号及び同条2項1号）。実演家人格権は、当該実演家の生存中は保護が継続し、死後であっても、原則として同様の保護が継続する（同法101条の3）。

（3）　権利を守る手段としての契約

芸能人自らが作詞作曲して歌唱する楽曲は多い。この場合、その歌い手は当該楽曲の著作者である。他方、作曲家・作詞家が創作した楽曲を歌唱し、歌唱力・表現力で勝負する芸能人もいる。そうした芸能人は当該楽曲の著作者ではない（作曲者と作詞家が著作者である）が、実演家としての保護を受ける。例えば、録音権・録画権（著作権法91条）があるので、歌声を勝手に録音されて販売されれば、差止めをすることができるし（同法112条）、損害賠償も請求できる。

もっとも、実演家として十分な対価を得ているかどうかは別の話（芸能事務所や著作権者との取り決めに依存する話）である。著作隣接権は契約で処理することを前提にしているが[11]、芸能人と芸能事務所やその他の関係者との力関係を考えると現実的でない場合も多い。著作隣接権に関する

11　中山・前掲（注10）545頁。

規定の多くは任意規定だから、芸能人と相手方との交渉力と情報格差が是正され、契約内容の公正さが保たれることで、紛争の少ない芸能界が実現できるだろう。

3　リピート放送（再放送、再配信）が行われる場合の権利関係

（1）「再放送」とは何か

著作権法99条1項には「再放送」という用語がある。これは日常用語としての「再放送」とは意味が異なる。本項で扱うのは、日常用語としての再放送である。日常用語としての再放送は、「許諾を得た放送事業者が……作成した録音物又は録画物を用いてする放送」（著作権法94条1項1号）に近い。以後、これを「リピート放送」と呼称する。

（2）リピート放送に芸能人が有する権利（「映画の著作物」の場合）

芸能人（実演家）の許諾を得て録音・録画された映画の著作物については、それを録音・録画して固定化したものを増製したり（例えばDVDなどのビデオグラム化）、テレビ放送したり、インターネット配信したりすることについて、実演家の許諾は不要とされる（著作権法91条2項）。

テレビやインターネットの番組は「映画の著作物」（著作権法2条3項）に該当する場合が多い。芸能人が、放送されることだけでなく、録音・録画されることを承諾して番組に出演した場合には、芸能人の許諾がなくてもリピート放送が可能となる。後述する報酬や二次使用料を支払う必要もない。

（3）リピート放送に芸能人が有する権利（その他の場合）

これに対し、芸能人が放送に出演することは承諾したけれども録音・録画されることまでは承諾していない場合（純然たる生放送の番組に出演することだけを承諾した場合）には、録音・録画を許諾した場合とは異なり、その出演を録音・録画したものをリピート放送するためには実演家である

芸能人の許諾が必要となる。「著作物の放送又は有線放送についての第一項の許諾は、契約に別段の定めがない限り、当該著作物の録音又は録画の許諾を含まない」とした著作権法63条4項が実演について準用されている（著作権法103条）。

　しかし、放送事業者は、改めて許諾を得ることなく、その実演を放送のために録音・録画することができる（著作権法93条1項）。

　そして、改めて許諾を得ることなく、その録音・録画を用いて①リピート放送（著作権法94条1項1号）、②テープ・ネット放送（同項2号）及び③マイクロ・ネット放送（同項3号）をすることができる。つまり、芸能人（実演家）は、リピート放送がされることについて改めて許諾を得るよう要求することができない。なお、正規のCDやDVDのように、芸能人（実演家）の許諾を得て作成された録音・録画された実演を放送又は有線放送する場合も、改めて許諾を求めることができないのが原則である（同法92条2項2号イ。映画の増製による場合について同号ロ）。

　ただし、これらの場合、芸能人（実演家）は、報酬や二次使用料を放送事業者に請求することができる（同法94条2項、95条）。実演の放送を許諾する際に、別途契約で、これらリピート放送等の許否や報酬・二次使用料の金額について定めておくこともできる。むしろ著作隣接権は、そうした契約での処理を想定した制度設計がされている。実演を放送する際や固定化する際に、契約によってそれ以後の使用方法を実演家がコントロールし、以後の対価を回収させ、権利関係の複雑化を回避する制度設計をワンチャンス主義という[12]。

　なお、二次利用のため実演家からの許諾を得ること及び当該実演家に対する二次使用料支払を、利用者（放送局等）が個別の実演家に対して行うことは煩雑になる場合もある。そうした煩雑さを避ける方法としては、著作権等管理事業者の利用が考えられる。例えば、一般社団法人映像コン

12　中山・前掲（注10）545頁以下。

テンツ権利処理機構は、芸能人（実演家）からの委任を受けて、二次利用に関する許諾並びに二次利用による対価の徴収及び分配を行っている。著作権等管理事業者については登録制がとられている。その一覧は文化庁のウェブサイト等で公表されている。

4　芸能人の名誉・プライバシー・報道

（1）　名誉権・プライバシー権とは何か

①　名誉権

法律上問題となる「名誉」とは、「人の品性、徳行、名声、信用等の人格的価値について社会から受ける客観的評価」[13]（いわゆる「外部的名誉」）である[14]。

②　プライバシー権

「プライバシー」という用語を定義した法令及び判例はない。ただし、プライバシーを侵害することが違法であることは判例上も確立している[15]。プライバシー権又はプライバシーの利益について、「他人に知られたくない私生活上の事実又は情報をみだりに開示されない利益又は権利」と定義した高裁判例がある[16]。

13　最高裁昭和61年6月11日判決・判タ605号42頁（北方ジャーナル事件）。

14　その他「名誉」の分類については、佃克彦『名誉毀損の法律実務（第3版）』（弘文堂、2017年）2頁が具体例を挙げて平易かつ詳細に解説している。名誉概念の沿革については同頁（注1）を参照。

15　最高裁平成29年3月15日判決・刑集71巻3号279号（GPS捜査の適法性大法廷判決）、最高裁平成14年9月24日判決・集民207号243頁（「石に泳ぐ魚」事件）。ただし、後者は「名誉、プライバシー、名誉感情が侵害された」ことを理由として差止めを認めたものであり、プライバシーだけが問題とされたものではない。

16　札幌高裁平成28年10月21日決定・判タ1434号93頁。なお、同決定は、プライバシー権として保護される範囲について「他人に知られたくないかどうかは、一般人の感受性を基準に判断すべきであり、具体的な情報がプライバシーとして保護されるためには、個人の私生活上の事実又は情報で、周知のものでなく、また、一般人を基準として、他人に知られることで私生活上の平穏を害するような情報であるかどうかにより判断すべきであると解される」と述べている。

③　芸能人の不祥事と名誉・プライバシー

　例えば、配偶者がいる芸能人が配偶者とは別の人間と性交渉をした（と強く疑われた）とする。これは、いわゆる不倫として、メディアがしばしば取り上げる話題である。しかし、判例に従って忠実に考えれば、不倫という社会的評価を低下させる情報を視聴者の野次馬的な興味のために提供するのであるから、名誉毀損である。不倫という秘密にしておきたい事実を承諾なく公表するのであるから、プライバシー侵害でもある。

（2）「有名税」議論

　芸能人が私生活上の事柄までワイドショーなどで取り上げられることは、上述のとおり、名誉毀損又は（及び）プライバシー侵害である。しかし、これに対しては、「普段、メディアを利用して有形無形の利益を受けているのだから、メディアで叩かれることも甘受すべき」という議論がある。いわゆる「有名税」である。

　しかし、法的に「有名税」を正当化することは困難である。どれだけ有名であっても芸能人は公人ではない[17]。週刊誌やワイドショーでしばしば取り上げられる、恋愛関係を始めとする芸能人の私生活に関する情報の発信は、「公共の利害に関する事実」にはあたらず、「専ら公益を図る目的に出た」ともいえない。これらの情報発信が名誉毀損に該当する場合、真実性又は相当性の抗弁によって正当化されることはないだろう。

　プライバシー侵害となる場合も、私生活上の事柄を暴露する利益がそれを守る利益よりも優先するとされる場面は限定的である。芸能人のプライバシーを軽視したメディアの情報発信には、視聴者の好奇心に応えるという以上の理由は見出し難い。

　狂言師の和泉元彌氏は、ある芸能レポーターから、「最初にワイドショー

---

[17]　ただし、「私人の私生活上の行状であつても、そのたずさわる社会的活動の性質及びこれを通じて社会に及ぼす影響力の程度などのいかんによつては、その社会的活動に対する批判ないし評価の一資料として、刑法230条ノ2第1項にいう『公共ノ利害ニ関スル事実』にあたる場合がある」とした最高裁判例に留意（最高裁昭和56年4月16日判決・刑集35巻3号84頁）。

で取り上げて褒めて視聴率が上がった人は褒め続けます。和泉さんの場合
は、叩いて視聴率が上がってしまったので、ごめんなさい」と言われたと
いう[18]。この発言は、この手の報道は視聴者の野次馬的好奇心に応える以
上の意味はなく、名誉毀損・プライバシー侵害を正当化しうる目的等がな
いことがよく表れている。

（3）　インターネットを通じた名誉毀損[19]

①　インターネットを通じた名誉毀損の特徴

　一昔前であれば電子掲示板（「2ちゃんねる」など）、近年はSNSによる
芸能人への名誉毀損が後を絶たない。芸能人に対する名誉毀損は日常茶飯
事とすらいえる。週刊誌やテレビなどの媒体による場合とインターネット
を通じた場合とで、名誉毀損の成否について根本的な差はない[20]。大きな
差が生じるのは、名誉毀損による不法行為に基づく損害賠償等の法的措置
の手順である。

②　加害者の特定

　特定電気通信役務提供者の損害賠償責任の制限及び発信者情報の開示に

18　「【エンタがビタミン♪】和泉元彌、リポーターに聞いた"視聴率こそ全て"な取材実態に「本当
　　にショックだった」」(https://news.infoseek.co.jp/article/japantechinsight_664291/)。
19　中澤裕一『インターネットにおける誹謗中傷法的対策マニュアル』（中央経済社、2013年）
　　及び清水陽平『サイト別ネット中傷・炎上対応マニュアル』（弘文堂、2015年）がこの分野
　　に関する文献の白眉である。
20　社会的評価が低下したかどうか及び摘示された事実が何かについての判断は「一般読者の
　　普通の注意と読み方を基準として」行うのが判例である（最高裁昭和31年7月20日判決・
　　民集10巻8号1059頁参照）。同判例は新聞記事によるものであるが、文字情報を用いてい
　　る以上、インターネット上であるか新聞記事であるかによって差異を生じない。大阪高裁令
　　和2年6月23日判決（令和元年（ネ）第2126号、裁判所webサイト所収）は、SNSのひと
　　つであるツイッターを用いた表現について、上記最高裁判例を引用した上で、「ツイッターに
　　おける投稿による表現についてもこれと別異に解すべき根拠はない」としている。なお、同
　　判決によれば、社会的評価を低下させるツイートを単純リツイートした場合において、「リツ
　　イート主がその投稿によって元ツイートの表現内容を自身のアカウントのフォロワーの閲読
　　可能な状態に置くということを認識している限り、…該投稿を行った経緯、意図、目的、動
　　機等のいかんを問わず、当該投稿について不法行為責任を負う」としている。賛否を措いた
　　まま元ツイートをリツイートすることはよくあることである。上記判決は「一般閲読者」を
　　ツイッターの利用者に限定しなかったため、上記のような判断になったと思われる。

関する法律（プロバイダ責任制限法）に基づく発信者情報開示[21]を行って発信者（加害者）を特定し、当該発信者に対して訴訟等を行うというのが、加害者に対する法的請求の基本的な流れである。この発信者情報開示は、最低でも２回必要となる。すなわち、ⅰ掲示板やSNSを運営するサーバー管理者に対して、名誉毀損となる侵害情報に係るIPアドレス及びタイムスタンプなどアクセスログの開示を求め、これを元に「Whois」などで検索し、当該IPアドレスの割当先のアクセス（経由）プロバイダの情報を取得した上で、ⅱアクセス（経由）プロバイダに対して当該IPアドレスの利用者の氏名、住所等の開示を求め、発信者を特定する[22]。

　プロバイダのアクセスログが保管されている期間は数か月と短いので、サーバー管理者に対する仮処分による早急なIPアドレスの開示手続が必要となる[23]。また、アクセス（経由）プロバイダに対して氏名、住所等の発信者情報開示請求の本案訴訟を提起するにあたって、当該プロバイダにアクセスログを保存してもらうよう依頼する必要があるが、これに応じない場合は発信者情報消去禁止の仮処分を行う必要がある。

21　発信者情報開示請求については、電子商取引問題研究会編『発信者情報開示請求の手引－インターネット上の名誉毀損・誹謗中傷等対策』（民事法研究会、2016年）がある。

22　以上は、発信者情報開示の請求先であるサーバー管理者やアクセスプロバイダが日本の裁判管轄に服し、かつ、日本国内に支店や営業所があって、発信者情報開示に対する実質的な対応が行われることを想定している。これらの条件を満たさない場合には、たとえ日本で訴訟提起ができるとしても、条約に基づいた送達を行わなければならず、申立書の送達だけで数か月から数年を要することもある。サーバー管理者等が米国法人である場合、米国各州で定められている民事訴訟上の証拠開示手続（ディスカバリー）によって開示を実現する方法もある。名誉毀損に関するものではないが、ディスカバリーを用いて当事者の特定に至ったケースとして、山口貴士「米国民事訴訟のディスカバリー制度を活用して海賊版サイト運営者の特定に成功した事例について」（法とコンピュータ37号41頁）参照。

23　令和２年８月31日、プロバイダ責任制限法の規定に基づく総務省令（特定電気通信役務提供者の損害賠償責任の制限及び発信者情報の開示に関する法律第４条第１項の発信者情報を定める省令）が改正・施行され、３号に「発信者の電話番号」が追加された。これにより、接続先の問題や時間的問題から、IPアドレス等により投稿者を特定できない場合であっても、サイト管理者から直接電話番号を聞き出し、（携帯電話会社への弁護士会23条照会などにより）特定することも可能となった。

書式例2　発信者情報開示仮処分命令申立書

発信者情報開示仮処分命令申立書

令和○年○月○日

東京地方裁判所民事第9部　御中

債権者代理人弁護士　甲野　太郎　印

当事者の表示　別紙当事者目録記載のとおり

被保全権利　　プロバイダ責任制限法4条1項に基づく開示請求権

第1　申立ての趣旨

　　債務者は、債権者に対し、別紙発信者情報目録記載の各情報を仮に開示せよ
　との裁判を求める。

第2　申立ての理由

　1　被保全権利について

　⑴　当事者

　　　債権者は、東京都港区所在の○○芸能事務所に所属し、主にモデル活動を
　　業とする自然人である（疎甲○）。

　　　債務者は、インターネットで閲覧可能な「○○掲示板」（以下「本件掲示板」
　　という。）を管理運営する株式会社である（疎甲○）。

　⑵　発信者情報開示請求権の存在

　　ア　情報の発信

　　　　氏名不詳者（以下「本件発信者」という。）は、本件掲示板において「胡
　　　散臭いモデルを語るスレ！23」という名称のスレッドに、別紙情報目録
　　　記載の情報（以下「本件情報」という。）を発信した（疎甲○）。

　　イ　同定可能性

　　　　本件情報は、「モデル」を対象としたスレッドにおいて投稿されたもの
　　　で、債務者が所属する事務所名や債務者の生年月日も記載されており、債
　　　務者を対象とするものであることは明らかである。

　　ウ　権利侵害（名誉権侵害）の明白性

69

権利侵害の明白性とは、権利侵害の事実のみならず違法性阻却の存在を窺わせるような事情が存在しないこと（ただし真実性相当性については除く。）を指す。そして、ある情報が名誉権を侵害したか否かの判断にあたっては、当該情報の意味内容が他人の社会的評価を低下させるものであるか否かにより判断するものであり、その際、一般の閲覧者の普通の注意と読み方を基準として判断すべきである。

本件情報には、債権者について、「○○は、暴力団と繋がりあるよ。」「しょっちゅう渋谷のクラブで大麻吸ってるしｗ」と記載されている。これらの記載は、一般の閲覧者の普通の注意と読み方を基準として読んだ場合、債権者が暴力団員と親密に交際しており、常習的に大麻を使用し、大麻への親和性を有しているとの印象を与えるものである。したがって、本件情報は、債権者の社会的評価を低下させるものである。

エ　違法性阻却事由の不存在

本件情報は、いずれも真実ではない。

そして、本件情報の内容は、債権者の社会的評価を低下させるという嫌がらせ目的に基づくものである。また、表現方法については、根拠を明確に示すことなくただ債権者への誹謗中傷となっており、積極的な加害意思しか見て取ることしかできず、公益目的も到底認められない。したがって、本件情報については、違法性阻却事由を満たすものではない。

オ　正当理由の存在

債権者は、本件情報に係る名誉権侵害による不法行為に基づき、本件発信者に対して損害賠償その他の処分を請求するため（民法709条、同法723条）、債務者が保有する別紙発信者情報目録記載の情報開示を求めるものであるから、正当理由の要件も充足している。

(3)　債務者の「開示関係役務提供者」該当性

本件掲示板は、誰もが匿名で記事を投稿することができ、本件掲示板にアクセスした者は誰でも投稿された記事を閲覧することが可能である。したがって、本件掲示板への投稿は、特定電気通信役務提供者の損害賠償責任の制限及び発信者情報の開示に関する法律（以下「法」という。）2条1号の「特定電気通信」に該当する。また、本件情報が保存されているサーバコンピューターは、かかる「特定電気通信」の用に供される電気通信設備であるから、法2条2号の「特定電気通信設備」に該当する。そして、債務者は、上記「特

定電気通信設備」を用いて、本件掲示板への投稿と閲覧を媒介し、又は「特定電気通信設備」をこれら他人の通信の用に供する者だから、法2条3号の「特定電気通信役務提供者」に該当する。

　　　したがって、債務者は、法4条1項の「開示関係役務提供者」に該当する。

(4)　小括

　　　以上より、債権者は、債務者に対し、法4条1項に基づく本件発信者情報の開示請求権を有する。

2　保全の必要性

　　　本件情報の発信は匿名によるものであるところ、債務者はアクセスログとして、当該発信につき、別紙発信者情報目録記載のIPアドレスとタイムスタンプの記録を保有している。

　　　そして、債務者が、本件情報発信者に対し、上記損害賠償請求権等を行使するためには、上記IPアドレスとタイムスタンプの記録の開示を受け、その後、経由プロバイダに対して当該IPアドレス利用者の氏名又は名称、住所の開示を受けることが必要不可欠である。

　　　しかし、経由プロバイダのアクセスログの保存期間は3か月から6か月程度である。

　　　そこで、債権者の上記損害賠償請求権等の行使を実現するため、早急に仮に発信者情報の開示を受ける必要がある。

疎明方法

疎明資料説明書のとおり

添付書類

1	申立書副本	1通
2	疎甲号証の写し	各1通
3	疎明資料説明書	1通
4	委任状	1通
5	資格証明書（甲○号証を兼ねる。）	1通

以上

（別紙）

発信者情報目録

1　別紙情報目録にかかる本件情報を投稿した際のIPアドレス及び当該IPアドレスと組み合わされたポート番号。ただし、国際法の原則、外交協定、国家主権を遵守の下、裁判所が発令する日において債務者が保有しかつ直ちに利用可能で、日本域内のもの。

2　前項のIPアドレスが割り当てられた電気通信設備から、債務者の用いる特定電気通信設備に前項の情報が送信された年月日及び時刻

3　下記のアカウントにログインした際のIPアドレス及びタイムスタンプのうち令和○年○月○日から同年○月○日までのもので、債務者が保有するもの全て。ただし、国際法の原則、外交協定、国家主権を遵守の下、裁判所が発令する日において債務者が保有しかつ直ちに利用可能で、日本域内のもの。

記

ユーザー名：○○

URL：○○

（別紙）

情報目録

閲覧用URL：

発信日時：令和○年○月

情報内容：

③　加害者特定後の手続

　発信者情報開示によって発信者を特定できた後は、訴訟を提起することになる。匿名性に安心して安全地帯から誹謗中傷を行っていると思っていた発信者は、自身が特定された時点で和解に応じることも多い。訴訟においては慰謝料とこれと相当因果関係を有する弁護士費用（慰謝料の10％）が損害額とされることが多い。発信者情報開示にかかった費用が損害として認められることもある。

　また、インターネットを通じた名誉毀損事件の特徴といえるのが、裁判手続だけにこだわらない解決が可能（あるいは必要）ということである。例えば、「5ちゃんねる」の場合、所定のアドレスに電子メールを送信して削除の依頼を行うことによって、名誉毀損やプライバシー侵害となる投稿の削除がされる場合がある[24]。裁判手続によらず削除される判断基準については、「5ちゃんねる削除体制」において公表されている。裁判による解決を志向すると、海外への送達が必要となって長期間を要するなどして、結局、解決が遅れる（あるいは解決の目処が立たず袋小路に追い込まれる）ことがある。

5　芸能人の不祥事とスポンサー等に対する責任

（1）　不祥事による芸能人自身の責任

　芸能人の発言が社会問題となることがある。差別発言、誹謗中傷、不正確な情報の拡散、行き過ぎた批評などである。インターネットとSNSの普及によって芸能人の舌禍は一般市民からの激しい攻撃に晒されるようになった。特にインターネットにおいて批判が長期的に反復して行われる状況は「炎上」といわれる。「炎上」の中には芸能人に対する名誉毀損や犯

24　清水・前掲（注19）129頁以下。

罪予告にまで及ぶ悪質なものもあるが、ここでまず取り上げるのは炎上を招いた芸能人側の責任である。

　名誉毀損やプライバシー侵害となる発言をした芸能人は、不法行為（民法709条）による損害賠償責任を負う。名誉毀損や侮辱については刑事罰もあり得る。詐欺となるような行為に関して広告塔となって宣伝をした場合に不法行為責任が認められることもある[25]。違法となるような行為を扇動する発言をした場合も同様である[26]。

（2）　芸能事務所の責任

①　芸能事務所が責任を負う可能性

　では、不祥事を起こした芸能人が所属する芸能事務所には何らかの責任が発生するのか。そのような連帯責任が発生するのは、芸能事務所が芸能人の使用者（民法715条）であるといえる場合か、芸能人の不祥事について芸能事務所も共同不法行為者（同法719条1項前段）であるといえるような場合である。

②　共同不法行為責任

　共同不法行為者といえるためには、芸能人と芸能事務所との間に関連共同性がなければならない。問題となった言動を芸能人がしたことについて芸能事務所も協力していたような場合には、主観的関連共同性が認めら

25　株式会社エル・アンド・ジーによる詐欺的な投資取引について歌手である細川たかし氏が同社主催の「全国大会」等におけるコンサートに出演し同取引の信用性を高めることに貢献した行為は共同不法行為であるとして損害賠償が請求された事件で、東京地裁は、芸能人の責任は否定したが、「L＆Gの商法に疑念を抱くべき特別の事情があり、出資者らに不測の損害を及ぼすおそれがあることを予見し、又は予見し得た場合には、L＆Gの事業実態や経済活動等について調査・確認をすべき義務があるというべきであり、かかる調査・確認を怠った場合には過失がある」との準則を示した（東京地裁平成22年11月25日判決・判タ1357号178頁）。

26　なお、橋下徹氏がテレビ番組において視聴者に対し光市母子殺害事件の弁護団に対する懲戒請求を勧めたことが不法行為となるかが争われた事件において、最高裁平成23年7月15日判決・民集65巻5号2362頁は、橋下徹氏の発言は「問題の重要性についての慎重な配慮を欠いた軽率な行為であり、その発言の辞辞にも不適切な点があった」としたが、受忍限度を超えるものではないとして不法行為責任の成立を認めず、責任を肯定した控訴審判決（広島高裁平成21年7月2日判決・民集65巻5号2478頁）を取り消した。

れ、共同不法行為とされることもあり得よう。例えば、事務所ぐるみで炎上商法を狙ったような場合が考えられる。

　他方、行為の一体性、損害の一体性又は行為者間の一体性から客観的関連共同性が肯定され、共同不法行為とされる可能性もある[27]。番組や劇の演出にまで芸能事務所が介入して問題となる言動を容認していたとみられるような場合や、芸能人の出版物が第三者の著作権を侵害していた場合に芸能事務所も当該出版物の監修をしていたときなどがこれに該当しよう。

③　使用者責任

　使用者は被用者を用いて新たな危険を創出している以上、それら危険の実現について負担すべきであり（危険責任）、使用者は被用者を用いて利益を得ている以上、それによって生じる危険についても負担すべき（報償責任）とされる。こうした使用者責任が認められるためには、ⅰ芸能事務所と芸能人との間に使用関係（指揮監督関係）があり、かつ、ⅱ芸能人（被用者）の不法行為が芸能事務所（使用者）の事業の執行について行われたことが必要である。

　まず、私生活上の不祥事があったとしても、ⅱの事業執行性が認められないので、芸能事務所は使用者責任を負わない。芸能人の私生活上の不祥事がスポンサーに損害を与える結果になったとしても、事業執行性がない以上、使用者責任は認められない。

　そうなると、使用者責任が認められる可能性があるのは、芸能人としての仕事をしている場合やそれに関連する場合に限られる。その仕事に関して使用関係が認められれば、芸能事務所は使用者責任を負う。ⅰの使用関係があるというためには、事実上の指揮監督関係があれば足りる。雇用契約はもとより、なんらの契約関係もない場合であっても使用関係は認められ得る。したがって、芸能事務所と芸能人との間の契約形態は使用者責任の有無の決定的要素とはならない。芸能人が自由な裁量をもち、独立して

27　山本敬三『民法講義ノートⅣ債権各論（下）』267頁の判例の整理による。

行動するならば、両者に使用関係はない。芸能事務所が主催するなど芸能事務所も演出に密接に関わる場合で、その演出に基づいて行った言動が不法行為を構成するときは、芸能事務所が使用者責任を負う可能性がある。例えば、マイノリティーを揶揄する役柄を割り当てたり、そうした台本に従ってイベントを遂行させたりしたような場合が考えられる。ただし、芸能人は、その個性をもって仕事をするものであって、自由な裁量の幅が大きい。使用者責任が認められる場面は限定的であると思われる。

　なお、芸能事務所と芸能人との関係が請負と類似する場合には、請負人の第三者に対する責任に関する注文者の責任の規定（民法716条）が適用又は類推適用されることになろう。

（3）　制作会社の責任

　問題となる言動を芸能人がしてしまった場合、その言動がされたテレビ番組や企画の制作会社は、何らかの責任を負うか。基本的には、芸能事務所の責任と同様、芸能人自身が責任を負うことがあっても制作会社が責任を負うことはない（共同不法行為者にはならない）と考えられる。しかし、脚本・台本や演出を通じて、問題となる言動を芸能人に促してしまう結果となることはあり得る。その場合、上述したとおり、関連共同性が認められ、共同不法行為による責任を負う可能性がある。

（4）　スポンサーに対する責任

①　スポンサーに対する責任の発生原因

　芸能人の不祥事があった場合に大きな問題となるのは、スポンサーに対する責任である。

　芸能人がテレビやインターネットのCMに出演していたり、イメージキャラクターを務めていたりする場合、芸能人の不適切な言動があったときは、スポンサーが損害を被り、当該芸能人に対して債務不履行責任や不法行為責任を追及することがあり得る。こうした状況を想定して、スポンサーとの間で芸能人の言動を制約する契約が締結され、違約金も併せて設定される場合が多いと思われる。芸能人自身もSNSなどを通じて直接情報

発信をする機会が増加していることから、契約によってこうした制限をすることには一定の合理性がある。他方、芸能人の言動を過度に制約することは表現の自由との関係から問題がある。以下、問題となる言動の内容に着目し、契約でどこまで制限をすることが可能かを検討する。

②　スポンサーを明確に害する行為

スポンサーの製品を貶める発言をしたり、スポンサーのライバル社の製品を特に賞賛したりする行為、特にSNSでの発信を契約で制限することがある。これらはスポンサーやその商品・サービスを明確に害する言動であるから、これらを制限する条項は合理的で有効であり、これによって違約金の支払義務や損害賠償義務が発生する。

③　私生活上の言動（スポンサーと関連する言動）

スポンサーを明確に害するとはいえないような芸能人の私生活上の言動を制限したり、私生活上の不祥事を理由として制裁を課したりする契約は有効といえるか。

スポンサーやその商品・サービスと関連する言動や不祥事については、それによってスポンサー側のイメージが悪化する、その芸能人を広告などに出演させ続けることに効果がなくなる（又は逆効果になる）ということが容易に想定されるので、法的責任を認める余地が大きく、あらかじめそうした言動を規制したり制裁を課したりする約定も有効とされやすいであろう。例えば、自動車のCMに出演する芸能人が飲酒運転をした場合などが典型例である。

④　私生活上の言動（スポンサーとの関連が薄い言動）

一方で、スポンサーとの関連が必ずしも明らかでない言動や不祥事の場合は難しい。例えば、結婚相談所のCMに出演する芸能人が小学校時代の同級生と不倫をしたとする。CMを見た者は、「この結婚相談所に登録して結婚しても、不倫される」とまでは思わないであろうが、よい印象は抱かないであろう。当該芸能人が出演するCMの放送・配信を停止し、それによって生じた損害の賠償や違約金の請求をすることができる条項を設け

ることは合理的と考えられる。

　しかし、これが結婚相談所ではなくコピー機のCMであればどうだろうか。コピー機と不倫とはなんら関係がない（少なくとも筆者の想像力の及ぶところに関連性は見出せない）。それでもスポンサーとしてはイメージ悪化を危惧してCMは停止するであろう。その場合に損害賠償責任や違約金の支払義務を定めた条項が有効といえるかについては慎重な検討が必要だろう。

　個別の商品・サービスではなく企業のイメージキャラクターとして採用されていた場合はどうか。スポンサー全体のイメージアップを目的とする採用であるから、スポンサーが提供する個々の商品・サービスと言動・不祥事との関連性が薄いとしても、損害賠償などの責任を認める条項は有効とされやすいだろう。

⑤　芸能人の犯罪行為

　犯罪のように違法性の強い不祥事の場合には、個々の商品・サービスとの関連が薄くとも、それらに対するイメージの悪化、ひいてはスポンサーに対するイメージの悪化も大きいため、損害賠償などの責任を認める条項は有効とされやすいだろう。ただし、無罪推定については留意する必要がある。後に無罪判決を得た場合はもちろん、嫌疑不十分を理由として不起訴処分となった場合にまで、損害賠償などの責任を肯定することは困難であろう。有罪率が極めて高い日本においては、逮捕＝有罪ともいうべき社会通念が形成されている。逮捕段階でCMを停止せざるを得ないとする判断も、このような社会通念を考慮すれば、残念ながら合理的である。しかし、そうした好ましくない社会通念の責任を芸能人に負わせる理由もないからである。

　また、犯罪・違法行為ではないが道義的非難の程度が極めて高い言動を制限する条項も同様に有効と考えられるだろう。例えば、人種差別発言などがこれにあたる。

⑥　動画配信者（YouTuberなど）の場合

　20世紀における芸能人といえば、舞台、映画、ラジオ、そしてテレビで活躍するものだった。21世紀に入り、YouTubeなどの動画配信サイトを通じて人気を博す動画配信者が多数現れるようになった。YouTuberなど動画配信者の人気と知名度は、もはや芸能人と同様である。

　動画配信者は、動画の再生数に応じて広告料収入を得る場合が多い。この仕組みは、勢い、動画の内容を過激にして再生数を稼ごうというインセンティブを生む。

　物議を醸す動画を故意に配信して再生数を稼ごうとする炎上系・迷惑系の動画配信者はともかく、そうではない動画配信者は、芸能事務所に所属する場合がある。従来の「芸能事務所」の枠内には収まらないYouTuber事務所に所属する場合も多い。こうした場合、動画配信者とそれらの事務所との関係は、上述してきた芸能人と芸能事務所との関係に類似する（以下、芸能事務所をYouTuber事務所と読み替えてかまわない）。

　しかし、動画配信者は動画再生数を稼ごうとするインセンティブが強いこと、さらには、動画配信（特にライブ配信）は制作から配信までの期間を短くすることが容易であり、Viewを稼ぐためには必要でもある。事前に芸能事務所側が内容を確認できない状態で配信されやすいことから、動画配信者の不用意な言動による不祥事が発生しやすい。炎上系・迷惑系とまではいえなくても、物議を醸す動画を配信する傾向にある動画配信者を、それと知って所属させる芸能事務所は、動画配信者の言動が不法行為となった場合に関連共同性が肯定されやすいと考えられる。契約上、言動を制限する必要性が高いといえるだろう[28]。

28　ティムール・ヴェルメシュ著（森内薫訳）『帰ってきたヒトラー』（河出文庫、2016年）のヒトラーは、テレビ番組に出演したが、人気に火がついたのはYouTubeで動画が拡散したことがきっかけだった。ヒトラーを採用することとなる芸能プロダクションの副社長ベリーニは採用時にヒトラーに対して「〈ユダヤ人〉をけっしてネタにしないこと。」と釘を刺している（同書上巻121頁）。炎上商法を狙っているとしても（狙っているからこそ）必要な制約だろう。もっとも、同書のヒトラーは「ネタにしないこと」の意味を取り違えている。

⑦　小　括

　以上をまとめれば、芸能人の不祥事といわれる言動があった場合、当該言動とスポンサー（の商品・サービス）との関連性の強弱と、当該言動それ自体の違法性の強弱との相関関係によって、芸能人の責任の有無及び程度が定まるといえよう。

⑧　補論 ── 芸能人の政治的発言

　日本では、「芸能人ごとき」が政治的発言をするなという風潮がある[29]。政治的発言をした場合、その内容もさることながら、政治的発言をしたことそれ自体が不祥事であるかのように捉えられることがある。政治的発言を発端として炎上し、それがあたかも不祥事であるかのように報道されることもある。様々な事柄に関する議論、特に政治的な議論が行われる場所では冷静な議論など行われない状況になっている。「公の場における議論は、ほとんど何の議題でも、相手が間違っていると証明するのが最大の目標である塹壕戦と化」しているのである[30]。そうした状況下において政治的発言をすることのリスクは大きい。芸能事務所との契約やスポンサーとの契約で「政治的発言をしない」という条項を入れたくもなる。しかし、芸能人にも表現の自由がある。政治的（そもそも何が政治的かも不明である）な言動の全てを封じる契約条項は表現の自由を保障した憲法の趣旨に反する。公序良俗違反（民法90条）であろう。

29　令和2年検察庁法案（後に廃案）について歌手・きゃりーぱみゅぱみゅがツイッターで言及したところ、激しい誹謗中傷に晒された。スポーツ選手ではあるが、テニス選手の大坂なおみがBLMに言及したことは日本人から批判を受けた。他方、アメリカでは、芸能人が政治的発言（例えばどの大統領候補を支持するかという発言）をしても、その発言内容が批判されることこそあれ、政治的発言をしたことそれ自体が批判されることは稀である。

30　トム・ニコルズ（高里ひろ訳）『専門知は、もういらないのか』（みすず書房、2019年）54頁。

6　消費者・弱者としての芸能人

（1）　消費者としての芸能人

　芸能人といっても、著名な俳優から無名のアーティストまで様々である。華やかな世界を夢見て芸能界に飛び込み、一応は芸能活動を行っているものの、未だ「売れた」とはいえない状況にある者は極めて多い。そうした芸能人（又は芸能人になりたい者）からの金銭搾取を目論む者もいる。

　その一例がオーディション商法である。これは「オーディションをうたって呼び出した消費者に、オーディション後、突然、高額なレッスン受講契約等を勧誘する手口」[31]である。オーディションに合格したと称し（実際には応募者の7～8割が「合格」している）、「最終面接」に呼び出して、そこで突然、高額なレッスン契約の勧誘を行うというものである。これは、勧誘目的を秘している点（特定商取引に関する法律3条）、特別に選抜されているという虚偽を告げる点（同法6条1項7号）で違法である。

（2）　弱い個人事業主としての芸能人

　芸能人は、個人事業主とされる場合が多い。しかし、芸能事務所側との情報格差や当該芸能人のそれまでの経歴・活動歴などから考えれば、消費者又はこれと同視できる場合もある。そうした場合には、芸能事務所との契約について消費者契約法が適用される余地がある。例えば、「練習生」「研修生」といった立場でレッスンに関する契約をした場合、その契約には消費者契約法が適用される可能性がある。芸能人と芸能事務所との契約にはしばしば違約金条項が盛り込まれるが、これも、消費者契約法9条によって（一部）無効とされる余地がある。

　また、当該芸能人が個人事業主であるとしても、独占禁止法の適用により、双方の立場の不公正が是正される。公正取引委員会競争政策研究セン

31　東京くらしWEBウェブサイト（https://www.shouhiseikatu.metro.tokyo.jp/torihiki/shobun/shobun180828.html）。

ターが平成30年2月15日に公表した「人材と競争政策に関する検討会報告書」（資料（146頁以下）参照）では、芸能人を含めたフリーランスに関して、専属契約、守秘義務、違約金等について、優越的地位の濫用などの観点から一定の制限がされ得ることが示されている。

芸能人・芸能事務所の労務と税務

第1 芸能人・芸能事務所の労務

1 契約の解除

　第2章第1で芸能人と芸能事務所との法律関係について解説したが、ここでは芸能人と芸能事務所の契約関係が雇用契約（労働契約）と判断される場合における、契約の解除について解説する。

Case 8

契約の解除

　以下の事例において、私は専属マネージメント契約を解除できるでしょうか。また、事務所から請求された多額の賠償金を支払わずに済むでしょうか。

（1）　事例の概要

　本事例の概要は以下のとおりである。

　未成年であった女性Aは、芸能タレントの育成及びマネージメントを目的とする芸能プロダクションBとの間で専属マネージメント契約を締結した。

　Aは、芸能活動を続けるうちに、芸能活動について精神的ストレスを感じるようになり、また、成人になり年齢を重ねるうちに水着の撮影などに抵抗感を持つようにもなり、さらには、Aのファンである男性Cと交際するようになったため、芸能活動から引退することを考えていた。

　そして、Aは意を決し、Bに対して引退することを告げたが、BはAが

引退することを認めなかった。Aは、そのような状況にますますストレスを感じるようになって仕事を休みがちとなり、遂にはBに対して専属マネージメント契約を解除することを通知した。

これに対し、Bは、Aに対し、AがファンであるCと交際したこと、また、Bが用意した仕事を行わなかったこと、さらに、Bの業務指示に従わなかったことを理由として、契約違反に基づく損害賠償請求をすることを通知した。

また、Bは、芸能タレントの一存でいつでも専属マネージメント契約を解除できるとすれば、当該事務所のマネージメントによって売れるようになった芸能タレントが一方的に解除することによって他の事務所へ移籍できることになってしまい、これまでに投じた多大な育成費用等を回収できなくなってしまって、芸能タレントを養成して利益を得てきたこれまでの芸能界に大きな影響を与えることになってしまうから、契約の解除は制限される、と主張してAの契約解除の主張を争った。

この事例は、東京地裁平成28年1月18日判決（判タ1438号231頁・判時2316号63頁）を題材にしているが、ここでは契約解除の主張の当否に的を絞って解説する。

（2）　解除の法的性質

芸能人と芸能事務所との間で締結される契約の法的性質については、委任契約ないし準委任契約と判断されるのか、あるいは雇用契約と判断されるのかによって、解除の法的性質や要件・効果が異なってくる。

委任契約では、各当事者がいつでも解除することができ（民法651条1項）、ただ、当事者の一方が相手方に不利な時期に解除したとき（同条2項、同条2項1号）や、委任者が受任者の利益をも目的とする委任契約を解除したとき（同条2項2号）は、相手方の損害を賠償しなければならないと規定され、さらに、やむを得ない事由があったときは相手方の損害の賠償も不要と規定されている（同条2項但書）。

他方で、雇用契約では、契約期間の定めがある場合と、期限の定めがな

い場合とで異なる。契約期間の定めがある場合には、期間満了によって契約が終了するのが原則となり、やむを得ない事由があるときには期間満了前でも例外的に解除することができる（民法628条）。契約期間の定めがない場合には、労働者はいつでも解約の申入れをすることができ、解約の申入れの日から2週間を経過することによって雇用契約は終了する（同法627条1項）。

　芸能タレントの育成やマネージメントを委託したという点に着目すれば委任契約ないし準委任契約を締結したと考えられる（委託事務が法律行為か否かで両委任契約は区別される）。しかし、当事者の実際の関係性から、雇用契約と判断される場合も多い。特に、いわゆる「アイドル」と芸能事務所の関係では、芸能人の年齢や芸能事務所の業界における力関係などで使用従属関係が認められることが多いと考えられ、その場合には労働関係法令による保護の対象になり得る。そして、本事例においても雇用契約の解除も射程に入れて対応することが求められ、その際に問題となるのが以下の労働者性の論点となる。

（3）　労働者性

　芸能事務所と芸能人が契約する専属マネージメント契約の性質については、第2章第1で解説したように、指揮命令関係の有無が（準）委任契約か雇用契約かの分水嶺となる。

　芸能人と芸能事務所との法律関係が雇用契約と判断される場合には、労働関係法規の適用を受けることになるが、その他の委任関係（エージェント契約）や下請契約と区別される判断基準が問題となる。具体的には、労働法の論点である「労働者」性の問題である。

　労働契約法2条1項は、「労働者」とは、「使用者に使用されて労働し、賃金を支払われる者をいう」と定義する。また、労働基準法9条は、「労働者」とは、「職業の種類を問わず、事業又は事務所に使用される者で、賃金を支払われる者をいう」と定義する。労働組合法3条は、「労働者」とは、「職業の種類を問わず、賃金、給料その他これに準ずる収入によって生活する

者をいう」と定義する。法が定める労働者の定義は表現が異なるものの、労働者性の有無は「使用従属性」に関する判断基準、すなわち、ⅰ指揮監督下の労働であるか、ⅱ報酬の労務対償性を満たすか、によって判断される。そして、具体的な判断基準として利用されているのが旧労働省（現：厚生労働省）労働基準法研究会報告「労働基準法の『労働者』の判断基準について」（昭和60年12月19日。以下、「報告」という）である。以下では、使用従属性の要件について項目の概要を示す。

1　「使用従属性」に関する判断基準
（1）「指揮監督下の労働」に関する判断基準
　　これは、労働が他人の指揮監督下において行われているかどうか、すなわち、他人に従属して労務を提供しているかどうかに関する判断基準である。
　　①　仕事の依頼、業務従事の指示等に対する諾否の自由の有無
　　②　業務遂行上の指揮監督の有無
　　③　勤務場所・勤務時間の拘束性の有無
　　④　代替性の有無（指揮監督関係の判断を補強する要素）
（2）「報酬の労務対償性」に関する判断基準
　　労働の対償とは、労働者が使用者の指揮監督の下で行う労働に対して支払うものをいい、報酬の性格が使用者の指揮監督の下に一定時間労務を提供していることに対する対価と判断される場合には、「使用従属性」を補強することになる。

2　労働者性の判断を補強する要素
（1）事業者性の有無
　　使用する機械や器具が著しく高価な場合には自らの計算と危険負担に基づいて事業経営を行う「事業者」としての性格が強くなり、労働者性を弱める要素となる。
　　また、報酬額が他人と異なって著しく高額である場合には、労務提供

に対する賃金ではなく、自らの計算と危険負担に基づいて事業経営を行う「事業者」に対する代金の支払いと認められ、労働者性を弱める要素になる。

（2）　専属性の程度

　他社の業務に従事することが制度上制約され、または時間的余裕がなく事実上困難である場合には、専属性の程度が高く、経済的に従属していると考えられ、労働者性を補強する要素となる。

　また、報酬に生活保障的な要素が強いと認められる場合にも労働者性を補強する要素となる。

（4）　本事例において

　本事例の題材となった前掲・東京地裁平成28年1月18日判決では、芸能タレントの育成及びマネージメントを目的とする専属マネージメント契約であったことから、芸能タレント側は委任契約であることを前提として民法651条による解除を中心に主張し、その可否が争点の1つになった。

　これに対し、裁判所は、芸能プロダクションであるB名義で第三者と取り決めたアーティスト活動にAを従事させていたこと、契約上Bの指示に従ってAが従事すべき義務を負っていたこと、これに違反した場合には損害賠償義務を負うと定められていたこと、Aの得られる報酬額の具体的基準が定められていなかったこと、Aが契約当時未成年者であったことから、Aが主体となってBに対してマネージメントを依頼するというような契約関係にはなく、Bが所属の芸能タレントとしてAを抱えてBの具体的な指揮命令の下にBが決めた業務にAを従事させることを内容とする雇用類似の契約であったと評価するのが相当である、と判断した。

　「報告」における「『使用従属性』に関する判断基準」の「指揮監督下の労働」という点からすれば、水着の撮影などに抵抗感を持つようになっていたものの断ることができなかった点も含めて「報告」1(1)①の諾否の自由が制限され、同②の業務遂行上の指揮監督及び同③④も認められ、指

揮監督下での労働であったと判断できるであろう。報酬の労務対償性は、指揮監督の下に労働を提供していたのにもかかわらず十分な報酬が与えられていない点で使用従属性は認められよう。

　前掲・東京地裁平成28年1月18日判決では雇用類似の契約であったと評価し、労働関係法規の適用を認め、3年間の契約期間の定めがある契約であったことから、民法628条のやむを得ない事由があったか否かを検討し、報酬額の具体的基準が定められていないこと、Bがその都度自由に報酬額を決めていたこと、Aには報酬としていくら支払われるかの保証がなかったこと等から、マネージメントとの体裁をとりながらも内実はAに一方的に不利な契約内容であって、Aは生活するのに十分な報酬を得られないままBの指示に従ってアイドル活動を続けることを強いられ、従わなければ損害賠償の制裁を受けるものとなっていたとして、「やむを得ない事由」を認定した上で解除を認めた。

　アイドルなど芸能タレントの若年化が認められる芸能界では、芸能人と芸能事務所の力関係が偏っており、力を持つ芸能事務所の下で芸能人が支配される場合が多く見受けられる。

　前掲・東京地裁平成28年1月18日判決では、芸能事務所側は「業界全体の問題として、仮に被告Aのような芸能タレントの一存でいつでも専属マネージメント契約を解除することがまかり通るのであれば、原告のような芸能事務所がいかに誠実に芸能タレントの育成に努めようと、芸能タレントの一存でいつでも契約が解除できることになり、売れっ子になった芸能タレントがその一存で契約を解除して他の事務所へ移籍することが可能となる。そうすると、芸能事務所は芸能タレントに対する育成的観点からの投資は必然的に控えざるを得なくなり、既に名の売れている芸能タレント以外の芸能タレントにとってデメリットが大きく、ひいては業界全体へ大きな悪影響を及ぼすことになる」として、契約を自由に解除することはできないと主張した。

　たしかに芸能事務所としては無名であった芸能タレントを世に出して宣

伝するなど、有名にするためにかかった費用を回収する必要性は経済的合理性を有すると考えられるが、そのために芸能タレントが過酷な条件の下で働かなければならないということにはならない。本件のように報酬額が明確に定まっていないという点は労働関係法規上問題であるが、契約上権利義務が明確でない中で、多額の損害賠償請求が発生するかのような条項や解除権を放棄させる条項などは、移籍の自由を否定することになり問題が生じるであろう。

　公正取引委員会は平成30年2月15日に「人材と競争政策に関する検討会報告書」を発表したが、そこでは「発注者が共同して人材獲得競争を制限する行為」、「取引の相手方の利益を不当に奪い競争を妨げる行為【優越的地位の濫用行為】」、「取引の相手方を欺き、自らと取引させることで競争を妨げる行為【競争手段の不公正さ】」、「他の発注者が役務提供者を確保できなくさせる行為【自由競争減殺】」などは独占禁止法上問題になることを指摘している（資料（146頁以下）参照）。芸能事務所の投下資本の回収は、法律を遵守することによって達成すべきものであり、旧態依然とした芸能慣行が法律を形成するわけではない。芸能活動もリーガルチェックを受ける時代になったのである。

（5）　恋愛禁止条項の効力

　芸能タレント、特にアイドルが恋愛をした場合に、芸能事務所が芸能タレントに対して損害賠償請求できるかが問題とされる場合がある。

　本事例の題材となった東京地裁平成28年1月18日判決では、専属マネージメント契約において恋愛禁止条項が定められていたわけではないが、芸能事務所は、芸能タレントが異性と交際したことによって業務に多大な影響を与えたことを理由として損害賠償を請求している。これに対し、芸能タレント側は、対外的に「恋愛禁止」というルールがあるのだろうという程度の認識を有していたにすぎず、異性と交際したこと自体で不法行為等は認められないと反論した。

　裁判所は、芸能タレント、特にアイドルにおいてはファン心理を考慮し

て異性との性的な関係を持つことを制限する規定を設けることも一定の合理性があるとして理解を示しつつ、異性との交際については自分の人生を自分らしくより豊かに生きるために大切な自己決定権そのものであり幸福追求権の一内容をなすとして、異性と性的な関係を持ったことを理由に損害賠償を請求できるのは、積極的に損害を生じさせようとの意図を持って殊更これを公にしたなどの害意が認められる場合に限定されると解釈して、Ａにはそのような害意は認められないとして損害賠償請求を認めなかった。

　他方で、本裁判例に先立つ東京地裁平成27年9月18日判決・判時2310号126頁では、恋愛禁止条項がある契約の下、芸能事務所の損害賠償請求を認めている。「7．異性の交際は禁止致します。ファンやマスコミなどに交際が発覚してからでは取り返しのつかないことになります。（事務所、ユニットのメンバーなどに迷惑をかけてしまいます）」という条項が規定されていた契約であったが、「被告Ａは当時本件契約等を締結してアイドルとして活動しており、本件交際が発覚するなどすれば本件グループの活動に影響が生じ、原告らに損害が生じうることは容易に認識可能であったと認めるのが相当である。」と判示し、賠償責任を認めている。

　恋愛禁止条項が定められていたか否か、芸能事務所が損害を被ることを認識可能であったか否か、さらには積極的害意が存在したか否かがポイントとなりそうであるが、前掲・東京地裁平成28年1月18日判決が指摘するように、恋愛というものが人であれば当然に有するであろう自然的感情であり生きる上での自己決定権の現れであって幸福追求権の一内容をなすと考えられることからすれば、不法行為責任が生じる場面を限定的に解釈することに合理性が認められるであろう。恋愛禁止条項がある契約における債務不履行責任においても同様に考えられる。

2　労働時間

（1）　はじめに

　ここでは芸能タレントをサポートするマネージャーの労働時間について解説する。

　芸能事務所とマネージャーが労働契約に基づいて労務を提供している場合（芸能タレントと同様に委任契約となっている場合には労働者性が問題となる）、労働関係法規の適用を受けるが、芸能タレントの業務が時間的に不規則である場合が多く、それに寄り添うマネージャーの業務も不規則となる場合には、残業代の問題が生じることになる。

　なお、ここでいうマネージャーとは、芸能タレントに代わって第三者と交渉して仕事を獲得するエージェントとは異なり、仕事の獲得は行わずに芸能タレントが従事する業務全般につきサポートする者をいい、芸能タレントが所属する芸能事務所に従事している（一般的に雇用契約が存在する）ことを前提にしている。

（2）　労働時間

　残業代との関係で、労働時間について簡潔に説明しておく。労働基準法の労働時間とは、休憩時間を除いた実労働時間をいう（労働基準法32条）。所定労働時間が労働者と使用者との間で締結される雇用契約により定められるものをいい、法定労働時間とは労働基準法32条により規制される１週間並びに１日の最長労働時間をいい、所定労働時間は法定労働時間の範囲内でなければならない。所定労働時間を超えて法定労働時間内であれば「法内残業」であり、法定労働時間を超えた部分は時間外労働にあたり「法外残業」である。法内残業及び法外残業のいずれも労働時間に応じた賃金が支払われなければならないが、法外残業については割増賃金が発生する。また、休日労働（法定休日における労働。労働基準法37条２項）や深夜労働（原則として午後10時から午前５時までの間の労働。労働基準法37条４項）においても割増賃金が発生するが、その割増率は図表７のとおりであ

る（労働基準法37条１項。割増率令[1]）。なお、１か月60時間を超えて時間
外労働をさせた場合には50％以上の割増率となるが（労働基準法37条１項
但書）、現在は適用が除外されている中小企業においても令和５年４月か
ら適用されることになっている。

図表7　賃金の割増率

時間外労働（法外残業）	25％以上増し
深夜労働	25％以上増し
休日労働	35％以上増し
時間外労働＋深夜労働	50％以上増し
休日労働＋深夜労働	60％以上増し

（3）　マネージャーの残業代請求と裁量労働制導入の可否

　平成29年、大手音楽会社において未払残業代が発覚したことが大きく報
道された。音楽業界のみならず芸能事務所においてもマネージャーの残業
代問題が表面化し、対策を講じる中で、裁量労働制を導入する芸能事務所
が増加した。

　しかし、平成31年、裁量労働制を採用していた芸能事務所に対し、労働
基準監督署が不適法との判断を示し、是正勧告がなされた。

　裁量労働制とは、業務の性質上、その遂行方法を労働者の裁量に委ねる
必要があるため、労働時間の具体的配分を労働者に委ね、実労働時間につ
いては、労使協定又は労使委員会の決議で定めた時間に労働したものとみ
なす制度である。

　裁量労働制には、専門業務型（労働基準法38条の３）と企画業務型（同
法38条の４）の２種類がある。専門業務型裁量労働制は、①研究開発等の
業務、②情報処理システムの分析等の業務、③記事の取材や制作のための
取材等の業務、④新たなデザインの考案の業務、⑤プロデューサーやディ

1　労働基準法第37条第１項の時間外及び休日の割増賃金に係る率の最低限度を定める政令
　（平成６年１月４日政令第５号）。

レクターの業務、⑥コピーライターの業務、⑦システムコンサルタントの業務、⑧インテリアコーディネーターの業務、⑨ゲーム用ソフトウェア創作の業務、⑩証券アナリストの業務、⑪金融商品開発の業務、⑫教授研究の業務、⑬公認会計士の業務、⑭弁護士の業務、⑮建築士の業務、⑯不動産鑑定士の業務、⑰弁理士の業務、⑱税理士の業務、⑲中小企業診断士の業務といった19業務に限って認められている。また、企画業務型裁量労働制は、事業運営上の重要な決定が行われる企業の本社などにおいて企画、立案、調査及び分析を行う労働者を対象としている。

　いずれの型の裁量労働制においても芸能事務所のマネージャーに直ちに適用されるとはいい難く、現行制度の下での採用は難しいといわざるを得ないであろう（仮に⑤プロデューサー等の業務に関連すると考えてもマネージャーには実態として裁量が認められていないであろう）。

　労務管理の対策としては、変形労働時間制やフレックスタイム制などの弾力的労働時間制度を導入しつつ、今後中小企業においても令和5年4月から1か月60時間を超える時間外労働について50%以上の割増率になることに対応して、「代替休暇」を導入することが考えられる。代替休暇とは、1か月60時間を超える法定時間外労働を行った労働者に対して、割増率引上げ分の割増賃金の代わりに有給の休暇を付与する制度であり（労働基準法37条3項）、労働者の働き過ぎを是正するために導入されたものである。

　芸能界におけるコンプライアンスが問題となっている今、芸能タレントの働き過ぎのみならず、それを支えるマネージャーの働き過ぎについても労働関係法規としては問題となることから、芸能事務所としても労務管理に詳しい弁護士・社会保険労務士によるチェックが必要である。

第2 芸能人・芸能事務所の税務

1 総論

　個人・法人を問わず、税務の世界は働き方や契約の形態などに比べれば、特殊なことがある場合を除き、ある程度整理されているといえる。

　すなわち、「その年の益金から損金を除いた後の利益（所得）に対して税金がかかる」という、芸能人だけに限らず全ての商売を行う人はもちろん、サラリーマンや年金受給者などにも適用される一般的なルールが存在するのである。

　益金とは収入とほぼ同義であるが、全ての「入金」に対して税金がかかるわけではない。例えばその年に借金をしたとしたら、その分だけ通帳に入金があるわけだが、それに対して税金をかけられたりすることはない。

　逆に全ての支払いが経費になるわけではない。借金をして車を買った場合、その買った金額はその年の経費にならず、一定の金額が少しずつ、減価償却費として数年にわたって経費（損金）になるのである。また、その翌年には借金を返済していくことになるが、借金の返済金額もまた経費にはならないのである。

　このように、収入と支出の差が利益（所得）になるわけではなく、益金と損金の差が利益になるのであり、収入→益金と支出→損金に変換していく作業が必要なのである。

2 雇用契約（労働契約）の場合

（1）収入

　雇用契約に基づいて芸能事務所に所属している場合には、収入は給与所

得として扱われる。

　給与制である場合には、雇用されている芸能事務所での年末調整によって税務関係は完結する。医療費控除や寄付金控除などが必要な場合には各自確定申告を行う必要があるが、それ以外に特に行うべきことはない。

　給与制のメリットは、芸能人個人としての確定申告を必要としないので領収書を集めるなどの確定申告準備を特に必要とせず、また給与所得控除の恩恵を受けられるので、特に経費がかかる場面の少ない芸能人にとっては、業務受託として収入するのに比べて税額が安く済むことがある。

　給与制の場合、いわゆる「103万円の壁」が問題となる。

　これは正確に説明すると、どんな人にも基礎控除（48万円）が適用されるので、所得が48万円未満であれば、所得税は１円たりとも課税されないのであるが、給与所得には経費として使える給与所得控除があり、その最低額は55万円であるので、103万円－55万円＝48万円となり、どんな人でも年間103万円未満の給与であれば所得税はかからないということになる。

　これに対して報酬として48万円以上の収入があった場合には、自分で経費を用意しないと基礎控除は48万円なので、その年の収入が49万円など低額であっても所得税が課されるのである。

　そのため、芸能人の報酬が年間103万円未満など少額でとどまるとわかっている場合には、あえて給与として扱うのも１つの方法といえる。

（2）経　費

　給与制の下で勤務している芸能人については、特に経費について考慮する必要はない（一応、特定支出控除という業務に関連する経費を実態に合わせて考慮する制度があるにはあるが、単身赴任者など極めて限定された人のみに適用される制度となっているため、ここでの説明は省略する）。

　収入した給与の額に応じて、自動的に給与所得控除という経費に相当するものが算出され、年末調整（勤務先で行われる簡易的な確定申告と考えるとわかりやすい）において所得税まで計算、調整されて、その証明として勤務先から源泉徴収票が出るので、本人負担としてすべきことはほぼな

いのである。

　ただし、給与制であっても、ふるさと納税などの寄付金控除、高額の医療費がかかった際に使える医療費控除、稀ではあるが災害等にあった際の雑損控除などの制度の適用を受ける際には、勤務先発行の源泉徴収票をもって自ら確定申告を行うことが必要である。

　また、本来年末調整時に勤務先に提出すれば受けられたはずの社会保険料控除、生命保険料控除、小規模企業共済掛金控除及び扶養控除等についても、後から本人が確定申告することで適用を受けることは可能である。

3　請負契約（請負型の業務委託契約）

（1）　収　入

①　総　論

　芸能事務所から報酬を受け取る形式として最もよくみられるのが、下請契約に基づいて支払いを受けるものであり、その中でも、

　　・給与と見間違いやすい形で定額であるが業務受託とされているケース
　　・出来高に応じて支払いを受けるケース

など、いくつかのパターンがある。

　詳細な計算方法は多種多様であるが、最も多いのは所属事務所に対して発注側から全額の支払いがあり、事前に定められた配分割合（事務所とタレントで6対4や5対5など）によって、事務所からタレントに対して報酬が支払われるものである。

　タレントが事務所に所属する最大のメリットは、事務所がその人脈等を活かして仕事を獲得し、自社所属のタレントに仕事を割り振ることで、特にタレント活動の初期など独自の人脈や知名度を持たない時期にも仕事が得やすくなることであるが、税務的にも、発注側が直接タレントに報酬を支払うのではなく、所属事務所を介することで、源泉税を徴収・納税するという事務的な負担を回避できることがメリットとして挙げられる。

　つまり所属事務所がタレントに対して報酬を支払う際には、本来発注者が直接芸能人に対して報酬を支払う際に負うべきである源泉徴収義務を代わりに負うこととなる。

②　源泉徴収

　源泉徴収とは主に法人が個人に対して支払いをする際に、一部のものについては所定の税率により決められた所得税を事前に控除し、支払い対象である個人に代わって税務署に対し支払いをするというものである（芸能事務所でも個人事業主として法人名義を持たずに源泉徴収ができるが、その場合所属タレントに対して支払いを行う際には、個人事業主である芸能プロダクションが源泉徴収義務を負う）。

　芸能活動により生じる報酬に対してかかる源泉所得税率は、10.21％（1回の支払金額が100万円を超える場合には、超えた部分の金額に20.42％）となる。

　課税額の計算例として、10万円の報酬を受け取る場合を考える。この場合、消費税が別途1万円課税されることとなるが、源泉税は、消費税課税後の金額に対して課するか、消費税課税前の金額に対して課するか、どちらかの方法により計算することになるため、前者であれば

　110,000円×10.21％＝11,231円

後者であれば

　100,000円×10.21％＝10,210円

の源泉所得税を徴収することとなる。

　したがって、

　110,000円−11,231円＝98,769円

又は

　110,000円−10,210円＝99,790円

の入金が通帳にあった場合には、税金計算上の益金は（税込みで）11万円である可能性が高いと考えられる。

　上記のケースでは、実際の受取金額とは異なるが、益金として11万円が

計上される。

　そこから税金計算を開始し、最終的に税額が計算され、そこから源泉税分を引いた金額を納税することとなる（源泉税額の方が計算された所得税額より多い場合には差額が還付されることになる）。

　この源泉税の計算方法が消費税課税後の金額に対して課するか、消費税課税前の金額に対して課するかは、計算方法が明示されていればどちらでもよいこととされているので、どちらの方法で計算されているかは確認が必要である。

　計算方法の確認については、一般的には、支払通知書などがその支払いごとに支給されることになるので、それらをチェックすることとなるが、年末年始（主に時期的に1月か2月始め頃のことが多い）に支給される支払調書を確認することでも確認することができる。

　ただし、ここで認識が必要なこととして、支払調書は収入を証明する書類ではないということである。支払調書の形状が以前の源泉徴収票と似たＡ6サイズなので、同じように証明書となると認識されていることが多いが、源泉徴収票は会社が従業員に対して年間いくらの給与を支払ったかの証明書として利用可能であるのに対して、支払調書は本来、会社が特定の個人に対して年間いくらの報酬を支払い、いくらの源泉税を徴収したかを税務署に対して報告している「調書」なのである。

　会社は慣例として、報酬を払った個人にその調書の写しを配布しているだけなので、支払調書は証明書としての価値のない資料なのである。なお、支払調書は一般的にその年1月から12月までの間に支払った報酬額を記載するものである（一定の場合かっこ書きで翌年に払う分を含めて記載する場合もある）から、必ずしも報酬をもらう側の確定申告時の売上額と一致するものではない。12月末に請求して翌年2月などに支払いを受けた報酬などについては、個人の側では12月分の売上としてその年の確定申告上売上に計上することが一般的であるが、支払調書上は翌年分に記載されることが一般的であるなど、ずれが生じることもある。

　支払調書は前述のとおり、本来、事業者が個人に対していくらの報酬、いくらの源泉所得税を徴収したかを報告するためのものであり、支払を受ける個人に対して配布する義務はないので、一部の企業ではこの配布自体をやめている。

　そのため、毎回の支払い明細や個人が出した請求書などを保存しておく必要があるが、印税等一部の売上については事業主の意思決定に関係なく支払い金額やそれに伴う源泉所得税額が決まるので、事実上、支払調書がないと計算ができないケースが散見される。

　このことから、本来は別に証明書として使える書類の発行ができればよいのであるが、現行法の上では支払調書も一定の必要性があることとなっている。

③　収益の認識時期

　個人・法人を問わず、一定の特殊なものを除いて、売上の認識時期は「収入すべき権利が確定した時」とされている。芸能人においては1つの仕事が完了した時点において売上が確定することになり、実際に銀行口座に入金された時でも、請求書を発行した時でもない点に注意が必要である（もっとも、よほど特殊なことがなければ事務所を通じて報酬が振り込まれるため、時期については意識しないケースも多く、実務上、仕事の完了後一定の期間内に請求書を発行するか、又は事前に報酬が決定されていることが多いために、入金時に売上を認識していることも多い）。

　ただし、業界特有の事情として、請求から支払いまでの期間が安定しなかったりかなり長いケースもみられるので、そういった場合にはある程度注意が必要である。

　業界的には令和2年4月から5月にかけて、新型コロナウイルスの影響でほとんどの仕事がキャンセル又は延期になっているため、この時期に売上が顕著に伸びるケースはあまりないと考えられるのだが、たまたま令和2年当初からの仕事の入金がこの時期に多く入っていたりした場合には、売上の認識時期によって持続化給付金等の対象となるかならないかなど大

きな違いが出てくるため、注意が必要である。

（2）　芸能人に生じやすいその他の収入

①　講演等のギャランティ（現金で支給されるもの）

講演会やトークショーは、拘束時間が2～3時間と短いものもあり、ま
た、開催する団体も飲食店や文化祭の実行委員会など、法人格がない団体
であることもあり、報酬が現金で支給されているケースも多くみられる。

これらについては現金支給であるから、3万円、5万円など、キリのよ
い額で支払われていることが多いのであるが、このような場合でも、実際
には実施団体に源泉徴収をする義務があることが多い。

現金支払いの場合、特に実施に慣れている団体などは、源泉徴収後の金
額がキリのよい数値となるように調整を行っている場合がある。例えば
3万円のギャラを支払うケースにおいては、元々の報酬金額を3万3,411
円としておく。そこに源泉徴収税率の10.21％を掛けることで源泉税額が
3,411円となり、実際の支払金額が3万円となるのである。

もちろん、主催者側が源泉徴収義務を負わない団体であることもあるの
で、受け取り側が主催者側に源泉徴収義務があるかどうかをよく確認する
必要がある。支払調書についても、1年分まとめたものを相手に交付する
のが本来の形ではあるが、その年内に次回のイベントが行われるかが不
明、又は文化祭など、年内に再度そのイベントが行われないことが確定し
ているイベント等での報酬であれば、計算書代わりに支払調書がその場で
交付されるケースもみられる。

②　執筆の報酬

雑誌などでコラム等の執筆を依頼される芸能人も多くいる。執筆の依頼
についても、事務所を介するケースが基本的には多いが、事務所を介さな
い直接的なやり取りになることもある。これは著作権やその使用料など、
その後の権利関係において複雑化する可能性が高いからであるが、ここで
は税務上の扱いのみ述べることとする。

なお、事務所を通す際には、出版社→事務所→個人というお金の流れは

通常の報酬をもらうケースと大差ない。

　事務所を介さずに執筆を行うこととなると、こちらも源泉徴収の対象となるため、前述の10.21％（100万円以上の支払いについてはその分について20.42％）の割合で源泉徴収が行われる。

　事務所を介さないケースにおいては、その金額の多寡にもよるが、副業程度の収入であれば、雑所得として事業所得とは別で経費を計上することも可能となるので、その分の経費管理は別にしておく必要がある。

　雑所得と事業所得ではいくつか違いがあるが、最も大きな違いは損失が出た際の扱いであり、もしその執筆業で赤字が出たとしても、事業所得と通算することができないこととなっている。執筆業にかかる経費は限定的と考えられるため、基本的に赤字になることは多くないと思われるが、大きな違いなので気に留めておきたい部分である。

　ほかにも、雑所得の場合、事業所得とは異なり領収書の保存等に制限的な規定がないので、ある程度の概算であっても経費として認められるという特色がある。また、給与制で活動している場合で、雑所得から生じる（収入ではなく経費を控除した後の）所得が年間20万円未満であればそもそも申告自体が不要とされているため、事務的負担が軽くなるよう規定されている。

③　書籍等の印税

　②のコラム等の執筆が増えることや、その他小説・エッセイなどの執筆を行い、書籍化されることがある。このときに印税収入が発生することがある。

　基本的には印税は書籍が刷られるごとに計算するか、実売数に応じて計算されるが、いずれにしても発売される書籍の定価の（上下変動するが）10％が印税として支払われるので、時に非常に高額の報酬が発生することになる。

　書籍の発行部数は出版社のマーケティングなどにより決定されるが、いわゆるベストセラーものを除けば、ほとんどの場合、さほど多くの重版が

かかることなく、最初にある程度の部数が出た後にその後徐々に売れ、書店からの注文等の状況によりある程度の期間が空いた後に重版がかかるなど、基本的には発売当初に大きな収入となることが大きな特徴である。

　印税収入のある年は、他の年に比べて所得がかなり大きく計上されることとなり、税負担が増えることが多い。所得税は累進課税されているため、例えば1年目は3,000万円の所得があるが2、3年目はゼロという納税者の税金と、毎年1,000万円の所得がある納税者の3年分の税金とを比べると、前者の方が高い税負担となる。このような不平等を是正するために平均課税制度というものが存在し、具体的な計算方法は割愛するが、デビュー年などの印税収入については特に税務上の恩恵があるということを意識しておくとよい。

④　ファッションのコーディネートの際の報酬

　前記のとおり、基本的に芸能に関する報酬に関しては、源泉税が徴収された後の手取り額を受け取ることになるのであるが、源泉徴収をすべき業務は所得税法204条1項1号～8号で限定列挙されたものに限られ、これらに含まれないファッションに関する業務に関しては、基本的に源泉徴収義務を負わないものが多い。

⑤　ブログ等によるアフィリエイト報酬

　ブログ等を開設しそこに広告を載せることで得られる報酬をアフィリエイト報酬という（計算方法はクリック報酬型やPV実績等に応じて変わるなど様々である）。

　これについても源泉税の対象とはなっていないことから、業者から直接入金があったとしてもそこからは源泉は控除されていない。しかし、1件当たり数円などの実績で計算されているため、報酬額としては端数を生じていることが多く、源泉税が控除されているかのようにみえるため注意が必要である。

⑥　賞金等として受領する場合

　これも扱いは事務所によって様々であるが、テレビ番組等で賞金をもら

うことが稀にある。支払いが事務所を通じて行われていれば通常の報酬の
支払いと変わらないが、これらの賞金の支払いは企業の広告宣伝を兼ねて
いることが多く、この場合には源泉税の支払金額及びルールが通常と異な
ること、また仮に芸能人であっても事業所得でなく一時所得として収入す
べきパターンがあることなどに注意が必要となる。

（3）　経　費

①　総　論

「これって経費になりますか？」というのは税理士として納税者から最
も多く寄せられる質問の１つであるが、税理士としてはその人の仕事を
しっかりと理解できない限り、この質問に対し回答することは意外と難し
く、経費かどうかを判断しやすいのは実は納税者自身であると理解してほ
しい。

　経費とは売上を発生させるために直接的に要する費用（売上原価）と間
接的に要する費用（販売費及び一般管理費）とに大きく区分される。

　直接的に要する費用とは、例えば飲食店における食材、書店における仕
入代などがイメージしやすいだろうか。間接的に要する費用とは、水道光
熱費や交際費など付随して生じるものである。

　芸能人においては原価的性格のものはほぼ存在しないと考えられるた
め、特に間接的に要する費用のうち、判断に迷いやすいものを以下に説明
する。

　芸能人に限らず、事業者であれば全ての支払いは経費か家事費（プライ
ベートの支出）かの２つに大別できる。例えば外食時の支払いについて、
それが一人で栄養補給のために行ったものであれば明らかに家事費であろ
う。元気に仕事をするために食べている、と主張される人がいるかもしれ
ないが、そもそもの生命活動維持のためでは売上との関連を主張するのは
厳しいであろう。

　しかし、プロスポーツ選手などのプロテイン等、その職業上必要とされ
るものであったり、関係者を伴いその仕事に関する打合せなどを兼ねてい

るものであれば、経費性が存在するといえるのではないだろうか。

　要はその支出の概要で判断するのではなく、仕事をする上でその支出が必要であったことを納税者本人が主張できるかどうかが重要になるのである。

　また、個人事業主として経費と家事費があいまいなケースも存在する。それについても家事按分という考え方が存在し、1つの支払いについて一定の割合のみ経費にすることも可能である。例えば、携帯電話代などプライベートと仕事用を分けていないのであれば、実際にその使用の割合に応じて、毎月の支払額のうち何%を経費とするか等を決めて経費化することも可能となる。

②　主な経費

ア　旅費交通費

　主に仕事場への行き帰りに要する電車代・タクシー代、大きなものであれば航空券等の料金を指す。宿泊を伴うのであればホテル代なども含んでも問題ない。また車関連の経費も個々に計上して問題ないが、金額が大きくなるのであれば車両費として勘定科目を分けることも考えられる。

　車両に関しては、特にプライベートでも使用することが考えられるので、家事按分の考えを用いて、全額ではなく、ある程度合理的な基準（使用した目的と距離などを細かく考慮することが理想的だが、難しい場合には使用した日数など）で家事按分した割合のみ計上することが求められる。

　なお、車両については、本体代は減価償却として別に計上されるので、車両費に含まれるのはガソリン代、車検・固定資産税など車を使用する上で必要なものに限られる。

　また、仕事で遠出をした上で、終了後などに数日観光も行うといった場合にも、航空券や宿泊費は仕事をした日数と観光をした日数などの基準で按分した金額のみが経費として認められる。

イ　衣装代・美容代

　衣装代については、いわゆるステージ衣装のような明らかに普段着に適

さないようなものは、当然興行のためのみに使われるものであるといえるから、経費とすることに何の問題もないと考えられる。

　問題となるのは普段着としても使うことが可能とみられるものである。

　例えば、ファッションブランド主催のイベント等に出席する等のケースであれば、そのファッションブランドの商品を使用することが求められるのであるから、そのブランドの商品を購入することは経費とできる可能性がある。ただしその商品が普段着としても利用できるもので、実際に使用するのであれば、家事按分をすることも考えた方が無難であるといえる。

　また、美容代に関しても注意が必要といえる。通常、取材前に美容室等に行く、又は専属のメイクアップアーティストやスタイリストに仕事を依頼するなど、明らかに業務に関連する支払いはもちろん経費性が高いと判断できるが、業務との直接的な関係が明らかでないエステや美容室への支払いや、スポーツジム等への支払いは家事費とされやすい部分である。「体型維持のためにスポーツジムに通っている」だけでは一般の生活費との差分が難しいので、例えば「役作りや稽古のために特定の格闘技のジムに通っている」など、経費性を主張するためにはその後の売上との直接的な関連を示せると経費としての性質が強くなるのである。

ウ　消耗品費

　事業に使う物品の購入は主に消耗品費で処理される。小さいものでは筆記用具や計算機、大きなものではパソコンや事務用品（デスクや椅子）なども消耗品で処理される。ここで注意が必要なこととして、青色申告を選択している場合には、個々の購入金額が30万円までのもので、合計300万円に達するまでのものは全て支払った年度の経費として処理できるが、青色申告を選択していない場合には、10万円までのものがその年の経費となる。

　青色申告を選択している場合で年間300万円を超えた場合、又は30万円を超えるものと白色申告の場合で10万円を超える場合には、減価償却という方法で経費化されることとなる。

　減価償却も最終的には購入金額が経費になるのであるが、定められた耐用年数に従って、年を分けて経費となるものなので、例えばパソコンは4年に分けて経費化を進めることになり、単年で経費化できるものと比べると、少々その年の税負担は重くなることになる。

　「大きな支出のあった年にはせめて税金くらいは多少軽くなってほしい…」と考えるのも無理はないので、こういった点は青色申告を活用するなど、少しでも税負担の軽減を図りたいものである。

　個人事業の経費にできるものの中で、車両は最も金額の大きいものの1つであるといえる。大体の車両は30万円を超えるため減価償却の対象となる。基本的に車両の耐用年数は6年なので徐々に経費化していくものであるが、中古の車両を購入すると、その車両の既に使用された年数によって耐用年数が短くなる。

　中古資産の耐用年数は、

　　（法定耐用年数）－（経過した年数）＋（経過年数）×20%

で計算した年数（端数切捨て）となる。1年経過した車両であれば耐用年数は5年、3年経過した車両であれば耐用年数は3年となり、経費化が早まることとなる。

　もちろん、家事按分も場合によっては必要となるが、節税のテクニックとして中古の車両が人気があるのは、この減価償却に関連する部分が大きいのである。

エ　交際費・会議費

　交際費は税務上、「交際費、接待費、機密費その他の費用で事業者がその得意先、仕入れ先その他事業に関係ある者等に対する接待、供応、慰安、贈答その他これらに類する行為のために支出するもの」という定義がある（租税特別措置法61条の4第4項）。

　交際費というと飲食代をイメージすることが多いと思われるが、上記の文面からすると、事業に関係する者とであれば、ゴルフ等の接待、又は冠婚葬祭に関するものも経費として考えて問題ないのである。

　一方で、事業に関係する者か否かについては慎重に判断する必要がある。例えば、家族との食事などの費用は明確に交際費とはいえない。芸能人であれば、仕事関係者はもちろんのこと、例えば後輩などとの飲食なども交際費としても問題ないと考えられる。

　ただし、その金額については、ある程度注意が必要と思われる。個人事業では法人の場合と異なり、その限度額も規定がない上に、飲食など形が残らないものも多くあるため、領収書などもある意味では集めやすい性質があることから、税務当局はある程度急激な交際費の増減などには注意を払っていると考えた方がよい。実際、交際費として支払う機会も多いと考えられるが、しっかりと領収書をもらいつつ、誰と行ったのかなど、もし税務調査があった場合でも交際費がかかった必要性をしっかりと説明できるようにしておくことが対策として考えられる。

　また、交際費に似た経費として、会議費がある。主に喫茶店での打合せ、又は来客用の茶菓代や会議のための場所を借りる費用などが挙げられると考えられる。

　なお、交際費の定義の中で「飲食その他これに類する行為のために支出した費用であってその支出する金額を飲食等に参加した者（専らその法人の役員若しくは従業員又はこれらの親族に対する接待等のために支出したものを除きます）の数で割って計算した金額が5,000円以下である費用については（交際費の）対象外とする」という規定（租税特別措置法61条の4第4項）が存在するので、概ね一人当たりの飲食費が5,000円未満であれば、交際費でなく会議費としておくとわかりやすいと思われる。

　オ　家　賃

　事務所又は衣装の保管部屋等を借りる際には、当然に経費に該当すると考えられる。逆に、主に自宅として使用しているケースなどでは家事費、生活費として判断されるため、経費として扱うことはできない。

　部屋がいくつかある物件を賃借して、そのうち一部屋を衣裳部屋その他仕事部屋として使うなどのケースにおいては、青色申告が要件とはなる

が、床面積等を基準に算定して家賃の一部を経費とすることができる。

カ　所得控除

事業上の経費ではないが、結果的に経費と同等の働きをするのが所得控除である。

納税者一人ひとりに48万円（令和2年分の所得税申告より改正がある）の控除が認められている基礎控除、生命保険に加入することで恩恵を受けられる生命保険料控除など、所得控除の種類は様々であるが、特に芸能人の税務において論点となるのは社会保険料控除や小規模企業共済掛金であろう。

社会保険料控除は、主に国民健康保険料と国民年金の支払いをすることで、支払った額の控除が受けられるものであるが、このうち国民健康保険料は所得に応じて増減があり、自治体によって差があるが最大で84万円程度の支払いとなることがある。

芸能人の場合は、住所の要件もあるが芸能人国民健康保険組合というものが存在し、これを選んで加入すると、自治体において加入する国民健康保険よりも保険料が安い場合が多い。

（4）　個人事務所（法人）を設立することの意味と効果

芸能事務所に所属しながらも、個人事務所（という名の法人）を有する芸能人は多い。これは税金対策としての面が大きい。以下で法人を設立した際の個人との違いや効果を説明する。

個人が青色申告を選択すると、青色申告控除として10万円、55万円又は65万円の控除が認められる。正規の簿記の原則に従った記帳を行い、貸借対照表を作成している場合には自動的に55万円の所得控除を受けることができ、最大で24万円以上の節税効果がある。それ以外の場合は10万円の所得控除となる。

また、個人の青色申告のもう1つの利点として、3年間の純損失の繰越控除が挙げられる。これは、赤字となった年度がある場合、その年の赤字を翌年以降の黒字と相殺することができるというもので、この通算できる

期間が、赤字が生じてから3年以内となっている。

　これに対して、法人における青色申告の最大のメリットは、青色欠損金の繰越控除期間が10年間に及ぶことである。

　直感的には理解しにくいかもしれないが、個人事業において赤字というのは特殊な場合（例えば開業初年度や、文筆業等で翌年以降に大作の発表を予定しており、そのための取材、執筆活動のみに多くの経費がかかっているようなケース）以外ではあまり発生しないものと考えられる。

　個人事業において赤字ということは、1年間に事業からの利益はないはずなので、その年の生活費等は自身の貯蓄等で賄われている状態である。そのため、短期的にはともかく、数年間の赤字が続くというのは考えにくいことから、その損失を黒字と通算できる期間も3年ほどあれば十分と考えられるのである。

　一方、法人化した場合においても、売上高とその他の経費については大きく変わらないが、最大の違いはその法人から個人に金銭を移動させるために役員報酬を出すこととなる点である。

　通常、個人事業から法人化しても、生活水準や貯蓄のペースを大きく変えたくないのであれば、売上から経費を除いた全額を役員報酬として支払うのがよくみられる設定であり、結果的に法人の利益はゼロとなるため法人税は生じない（ただし、法人においては利益がゼロであっても最低7万円の均等割という都道府県民税がかかるので、これが法人における基礎的なランニングコストにあたる）。

　逆に個人の側では役員報酬という「収入」が生じる。ここから税金の算定の基礎となる「所得」に変換されるのであるが、役員報酬という「収入」に対しては、給与所得控除という経費に相当するものが自動計算により算定される。

　給与所得控除額は最低でも65万円が認められており、例えば、役員報酬が500万円とすると給与所得控除額は154万円となる。この場合、「所得」としては500万円－154万円で346万円となるのである。

個人事業主であった時には事業所得500万円から計算を開始するのに対し、役員報酬とした場合には346万円から計算を開始でき、その分節税が見込めるため法人化が検討されるのである。

ただし、この役員報酬は決算期の開始から3か月以内に決定する必要があるため、その後の収入状態の変動によっては、赤字になることも十分に考えられるところが個人との大きな違いとなっており、場合によっては何年も赤字が続くことも考えられることから、繰越欠損金の控除期間も相当に長く、10年とされているのである。

なお、法人化する目安であるが、筆者は所得500万円を安定してクリアできるかどうかを目安としてアドバイスしている。これは、法人化にあたっての経費として、司法書士への依頼等で、株式会社設立の場合で30万円ほどかかる（合同会社であればもう少々安くなる）のであるが、法人化して年間500万円ほどの役員報酬を出すと、法人化による節税額が30万円程度となり、1年で法人化のコストを回収できるためである。とはいえ、ある程度収支に安定感がないと逆に税務上損をするケースもあるので、法人化を考える上ではその点も留意する必要があるといえる（例えば法人化後に大きく売上が下がると、収入もないのに法人・個人間では役員報酬の支払い義務、個人では所得税の支払い義務が生じるので、最悪のケースでは自分の貯金から自分に役員報酬を支払い、さらに納税までしなければならなくなることもあり得るのである）。

4　エージェント契約（委任契約）の場合

エージェント契約であっても、益金及び損金の関係は下請契約（請負型の業務委託契約）となんら変わることはないため、詳細については前項で説明したとおりである。

しかし、エージェント契約の場合にも事務所を通じて報酬が支払われるケースが存在する。その場合、事務所が一旦全額をその事務所の収入とし

て処理した後に、配分金をタレントに支払う、すなわち通常の報酬の支払いとして処理されることとなる。一方で、発注側からタレントに直接報酬の支払いが行われた後に、タレントが事務所に対して仲介料を支払うケースや、事務所が全額を受け取った後に、事務所の取り分を引いた上で、タレントに対して支払いを行うなどのパターンもみられるので、個人事業主たるタレントとしては、毎回の支払い時になぜこの額なのかを確定申告時に把握することが必要なのである。

５　税務調査

　芸能人に限らず、マイナスなイメージがつくことは避けたいものである。中でも脱税等でニュースになってしまったら、かなりのイメージダウンは避けられないだろう。

　ただし、基本的にはまず安心してほしいのだが、通常、税務調査等で多少の間違いがあり、追加で納税をしたとしても、即座にニュースになることはない[2]。きちんと個人情報は守ってくれるのが税務署という組織である。

（１）　申告書のチェックと調査対象者の選定

　「税務署で通る申告書を作ってほしい」などと言われることがある。これは、税務署の窓口に申告書を提出するときに、明らかに計算が誤っていたら直してきてほしいと言われて受け取ってもらえないこと等を心配しての依頼と思われるが、通常よほどのことがない限り、売上がやたら少なかったり、経費がやたら多い、というくらいでは受領を断られることはない（断られるのは、手書きの申告書で名前が違う、収入金額と所得金額のつなが

2　基本的には、税務署が「○○という会社や個人に対して税務調査を行った」と公表することはないが、時折ニュースになったりするのは、一罰百戒を目指してわざとやっているのか、実際のところは不明である（なんとなく、２〜５月など、個人法人の確定申告が多い時期にそういう報道が多いような気が個人的にはしているが…）。

112

りがない、課税所得と計算上の所得税額とのつながりがおかしい、といったどうしてもダメな場合くらいである。もっとも、近年ではパソコンソフトを使って申告書を作成しているため、このような計算上の誤りというのはまずない）。つまり、売上を一桁間違えた申告書でも、交際費が売上より多いような申告書を出しても、税務署が受領しないということはまずない。

　税務署では、申告書を受け取った後でその記載内容をデータベースに入力している。明らかにつながりのおかしい申告書などはそこでチェックされ、納税者に連絡されるだろうし、その後データを見ながら疑わしいものをピックアップしつつ、調査対象者を探しているのである（もちろん、それ以外に本来、確定申告をしなければならないのにしていない人なども探していると思われる）。

　また、ある1年分の申告書において明らかにおかしい記載があったとしても、それが開業1年目であるとか、特殊な事情があったりする場合には、調査に来たりすることは少ない。

　税務調査の際は、通常大体過去3年間分の資料をチェックすることが多いので、どんなに怪しい申告書があったりしても、大体開業から3年間は調査は実施されないのが印象である。開業から3年経ったら必ず調査に来るというものでもないが、まずは、税務署が調査に来なければ、何も恐れることはない。

　税務署はどのようにして調査対象者を選んでいるのかというと、税務署には膨大な各ジャンルの申告書のデータがあり、その中で売上とそれに伴う交際費や交通費など、経費のバランス・割合をみているようで、平均から大きく外れたものがある場合になりやすいようである。例えば、業種にもよるが、士業等は交際費が売上の5％を超えると調査に入られやすいといわれることもある。確定申告に備えて、「領収書を集めよう！」というのはよくいわれるところ、仕事に必要なものを集めるのはもちろんだが、交際費などは比較的集めるのが容易であるといえるので注意が必要であろ

う。

　税理士に申告を依頼している場合、税務調査に入ることが決定しても、直接納税者に連絡がなされることは通常ない。まずは税理士に連絡があり、税理士を通じて納税者にいつ調査を行うかの連絡が入る。調査の期間は、個人であれば１～２日、法人であれば２～３日が一般的だが、それ以上となると大きな法人か、よほど問題視されていることがあると想定される。

　いわゆる抜き打ちの無予告調査も行われることがあるが、現金のみの居酒屋などの店舗以外ではまずない。芸能関係の仕事であれば現金のやり取りはさほど多くないと思われるので、無予告調査を受ける可能性は低いだろう。

（2）　調査当日の進行

　税務署との日程調整が済んだら、納税者の指定する場所で調査が行われる。大体は納税者の自宅が多いが、あまり周囲にみられたくないことも想定されるため、互いに承諾していれば、所属している事務所での調査も可能である。

　調査は、朝の10時から夕方５時くらいまで、昼休憩１時間を挟んで行われることが一般的である。

　具体的な調査の内容としては、最初に「最近はどのような仕事をしていますか？」「昨年大きな収入があったようですがどのような仕事でしたか？」「一昨年はあまり収入がなかったようですが…」など、仕事の概要等を聞かれることが多く、その後、総勘定元帳を調べることが一般的である。

　総勘定元帳とは、売上や経費の各科目のそれぞれの内訳の詳細が全て記載されている書類で、税理士に依頼しているのであれば必ず作成しているものである。自身で申告書を作成しているのであれば、その申告書を作った根拠資料を調べられることになる。その総勘定元帳と、保管してある領収書を見比べたりしながら、「この消耗品は…」「この領収書は…」といっ

たやり取りを行う。

税務調査の立ち合いは、税務署職員と納税者本人（家族や従業員に経理を任せている場合はその担当者も立ち合い可能）以外には税理士の免許を持っている者しかできない。納税者も忙しい人が多いため、できれば朝の立ち合いだけで一旦打ち切らせてもらい、午後は税理士（及び納税者の経理担当）が立ち会い、納税者に聞かないとわからないことは後日まとめて聴取するとか、その場にない資料は後で確認する、といった形で進めることが多い。

（3）　調査結果の報告とその後の手続

調査の日程が終了し、質問に対して回答や資料を追加で提出したら、1〜2週間後に結果報告が行われる。

特に修正すべき事項がない場合や多少の注意だけで済む場合には「是認」といい、その旨の書面（是認通知書）が渡される。

追加で納税しなければならない場合には、基本的には口頭で、修正するように求められる。これを「修正の慫慂（しょうよう）」という。こちらは税理士と相談して納得するのであれば修正申告書を作って納税すれば完了となる。

なお、注意点として、修正申告書を提出した後に、「やはりあの支払いが経費と認められないのは納得がいかない」と思ったとしても、その後こちらから不服を申し立てることは不可能となる。修正申告書を提出した時点で、納税者が自主的に納得して行ったものとして扱われ、その後不服申し立てなどを行って争うことはできない。

どうしても争いたいという場合には、前述の修正の慫慂に応じてはいけない。その場合には税務署から決定通知というものが来るので、修正の場合と同様に納税はしなければならないが、その後、税務署から下された処分に対して不服審判所を通した不服申し立てを行い、再度争うことが可能となる。

また、計算間違いなどの理由により税金が還付されるケースもある。この場合には（税理士としては計算の誤りには違いないのだが）特に争いに

なることは多くないと考えられる。

（4）　税務調査の頻度

　疑問点が多い申告書（例えば還付税額が通常では考えられない金額の申告書など）が提出された場合でなければ、通常は法人でも個人でも最初の３年間は調査が行われないと考えて問題ない。これは前述のとおり、調査の際は概ね３年分の資料を調べることが多いからである。その後はその時の調査の状況、その後の申告書の内容によって変わってくると思われるが、中小規模であれば10年に１度の頻度であると考えて問題ないと思われる。特に東京都内など、事業者数の多いところは税務調査は少ない印象であり、担当官の人数等にもよるが、事業者数の少ない税務署の方が頻繁に調査を行っているようである。

（5）　税務調査の強度

　税務署の法人担当・個人担当が調査に訪れるのが通常であるが、それより強度の高い部門として資料調査課という部署が存在する。また、ここまではいわゆる任意の調査であるが、最も強度の高い調査として、国税局査察部、通称マルサによるものが存在する。これは令状を取得しての調査であり、強制的かつ事前に相当の疑いを持って行われるものであるので、一般的な納税者はまず経験することのないものと思われる。筆者もまだ経験したことはないが、できれば自分の関与先がマルサの対象になるようなことは避けたいものである。

第 **4** 章

芸能界における
法的紛争の解決の
ありかた

　本章では、芸能界において関係当事者間でトラブルが発生した場合の法的な解決オプションについて考察してみたい。

第1　交渉の留意点

1　契約書の秘密保持条項

　関係当事者間でトラブルが発生した場合、互いに話し合って解決を図るべきであるが、どうしても互いに主張が相容れない場合、まずは代理人弁護士を用いて交渉することを検討することとなろう。

　ところで、芸能事務所と芸能人との間の契約には、契約の内容等について、第三者に開示してはならないという条項が設けられていることがあり、芸能人は、契約に関する相談を弁護士に対してですら躊躇する場合がある。しかしながら、この条項の趣旨は、正当な理由がある場合にまで第三者への開示を許さないというものではないはずである。芸能事務所の側には通常、顧問弁護士が存在していて、当該契約において法的紛争が生じた場合、その相談を行っているのに、相手方である芸能人の方は、法律と代理交渉の専門家である弁護士への相談が許されないというのは明らかに不公平である。また、弁護士は、刑法によって守秘義務違反に対する刑罰まで科せられている存在なのであるから（刑法134条）、弁護士からさらに外部に情報が洩れないことも期待できる。

　したがって、芸能人が、芸能事務所との交渉について、契約書の内容を開示して弁護士へ相談をすることは、契約に契約内容等一切外部に漏らしてはならない旨の秘密保持条項が仮にあったとしても、当然に許されると解すべきである。

2　芸能界の特殊性

　そこで、芸能事務所と芸能人との間の紛争においても、当事者同士の交渉では解決を図れない場合、代理人弁護士を立てた交渉となるが、その際、芸能界の特殊性から、その交渉の進め方には、慎重さが求められることになる。

　例えば、芸能人から芸能事務所を退所したいという依頼を受けた場合の交渉の留意点を考えてみる。

　すなわち、芸能人がその芸能事務所を理由があって退所したいと考える場合、それを伝えてみても、芸能事務所の方がこれを引き留め、なかなか辞めさせてくれない、ということがある。その場合、一人では退所を強く主張し得ないばかりか、逆に、多額の違約金を主張されたりすることもあるかもしれない。そこで、弁護士に交渉の代理を依頼してくることがある。

　この場合、敵対的な態度で交渉を行うことはあまり好ましくない。弁護士は通常、何らかの交渉のとっかかりとして、内容証明郵便にて、交渉代理の任に就いたこととその主張を相手に伝えるのだが、いきなり弁護士名で内容証明郵便を送付すると、受け取った芸能事務所側は激高することもあるので留意する必要がある。文面自体は穏やかだったとしてもそれだけで敵対的に受け止められることもある。

書式例3　受任通知書（例）

受　任　通　知　書

令和○年○月○○日

東京都○○
株式会社　○○○○
代表取締役　○○　○○　殿

　　　　　　　　　　　　　　　　○○　　○○代理人

東京都○○

○○法律事務所

　　電　話　○○（○○○○）○○○○

　　ＦＡＸ　○○（○○○○）○○○○

　　　　　　　　　弁護士　○○　　　○○

前略　当職は、○○○○（以下「通知人」といいます。）から貴社との令和○年○月○日付「専属契約書」に基づくマネージメント契約（以下「本件マネージメント契約」といいます。）の解消に関する交渉について受任致しましたので、本書面をもって、この旨ご通知致します。

　本件に関しましては、当職が一切の事項につき受任しておりますので、今後のご連絡は、全て当職宛にいただき、通知人本人に直接連絡を入れることはお控えください。

1　本件マネージメント契約の終了

　通知人は、貴社に対して、令和○年○月ころ本件マネージメント契約の継続を希望しない旨申し出ており、また、令和○年○月ころにもその旨確認しておりますので、本件マネージメント契約は令和○年○月○○日をもって契約期間満了により終了しております。

　また、通知人は、貴社と本件マネージメント契約を締結して以降、少なくとも週に1、2回程度は貴社の指示に応じて「○○（※グループ名）」の活動を行ってきましたが、エキストラ関連の仕事以外について、貴社から当該活動にかかる報酬を一切受け取れておりませんでした。このため、通知人は、やむなくアルバイトをしてその収入で何とか生計を維持していましたが、この報酬未払いは、本件マネージメント契約に定められた債務の不履行にあたることは明白です。つきましては、通知人は、本件マネージメント契約が契約期間満了によって終了していなかった場合に備え、貴社に対して、本書面をもって、債務不履行を理由として本件マネージメント契約を解除する旨の意思表示を致します。

　これにより、いずれにしましても、本件マネージメント契約は終了していることとなり、今後、通知人が同契約に拘束されることはありませんので、ご承知おきください。

2　契約終了に伴う各種費用の清算及び今後の芸能活動について

　貴社は、通知人に対して、令和○年○月○日に同日付「誓約書」を交付されておりますが、通知人と致しましては、同書の記載内容は全く承服できません。

　上記誓約書に記載されているCDのブックレット用画像などの撮直し等にかかる費用の負担につき検討するにしても、これまでの未払報酬の清算を行っていただくことが前提となります。まずは、これまでの通知人の出演等にかかる貴社の収入額及び通知人の報酬額を全て明らかにしていただきますようお願い致します。

　それらを踏まえて、契約解消に関する諸費用の清算について協議させていただければと考えております。

　また、貴社は、上記「誓約書」にて、通知人に今後芸能活動を一切しないことも求められております。しかしながら、通知人と致しましては、生活を安定させるべく、芸能活動を○か月程度は停止するつもりではあるものの、永久に芸能活動をしない決意をしたわけではなく、「今後一切芸能活動をしないこと。」を誓約する意向は全くございません。貴社には、通知人の今後の活動を制限する権限がないことは勿論のこと、その必要性も一切無いものと思料致します。従いまして、貴社の上記要望には応じかねますので、ご理解ください。

3　不正アクセス及び業務妨害について

　通知人は、貴社に対して、自身のTwitterアカウントのID及びパスワードを教えていたところ、当該アカウントのパスワード及び登録メールアドレスが通知人に無断で変更されていました。通知人が貴社に依頼していたのは「投稿」のみであって、当然のことながらパスワードや登録メールアドレスの変更までは許諾しておりません。

　通知人の承諾無くアカウントにログインして上記各変更をした行為は、不正アクセス禁止法違反又は業務妨害罪にあたるものと考えられ、通知人と致しましては大変遺憾です。貴社におかれましては、大至急、変更後のパスワードを当職宛にご開示ください。

　万一、本件について誠意ある対応を執っていただけないときには、これらの行為について刑事告訴を検討する所存ですので、予めご承知おきください。

草々

　というのも、この業界の特徴として、芸能事務所側には、当該芸能人を育て上げたことについての強い思い入れがあったりもする。芸能人と芸能事務所の契約は、こうした特殊な人的結合関係の存在を基礎としている。そこで、その育てた芸能人が、「弁護士を立ててくるなんて何様だ」という意識が生まれたりすることもある。

　あるいは、この場合、当該芸能人が、現在進行中の仕掛りの案件がある場合もある。例えば、テレビ番組に出演中のまま、当該芸能事務所を退所するとなると、その番組の扱いをどうするのか、出演を継続できるのか、ということも考えておく必要がある。

　つまり、交渉の段階で、芸能事務所に、敵対的と思われることはあまり好ましいことではない。

　そこで、そのような場合は、例えば、芸能事務所の社長、幹部とアポイントメントをとり、当該芸能事務所に対し穏便な形で退所の申し入れを行う等の工夫が必要となろう。

　次に、交渉においては、芸能事務所を辞めるならば、芸能界そのものを引退することを条件としてきたり、多額の違約金を主張してきたり、あるいは芸名の返上、現在出演中の全ての番組の降板等を条件として持ち出してきたりすることがあり得る（第2章第1・3 Case 1 参照）。

　しかしできることならば、この交渉の段階で、例えば、現在出演中の番組は一旦全て降板する、あるいは継続するがその出演報酬のうち芸能事務所側に手数料を相当程度支払い続ける等、妥協し得る条件を調整して退所の了解を得る等の解決を図る方が望ましい。というのも、これもこの業界の特殊な事情ではあるが、事務所を退所した後、芸能界で活動を継続し得るとしても、当該前所属事務所の関係者等によって何らかの妨害を受ける可能性も考えられるからである。テレビ局等の雰囲気としても、芸能事務所と争いのある芸能人を使いたがらないという傾向もある。

　そこで、芸能人の側としても、妥協し得る部分は妥協しつつ、できる限り交渉の段階で何らかの解決策を図ることとなる。

第2　紛争解決手段の選択

　以上のとおり、なるべくならば交渉によって解決を図ることが望ましいが、条件の調整が難しく交渉による解決が望めないとなれば、第三者に間に入ってもらう解決オプションを検討せざるを得ない。

　その場合、考えられる手段としては、大きく「裁判」と、「裁判外紛争解決システム」に分けることができる。

　この点、「裁判」の中には、通常の裁判（訴訟）と、調停等がある。「裁判外紛争解決システム」は、いわゆるADR[1]と呼ばれるものであるが、弁護士会によるあっせん・仲裁手続が主なものである。

1　裁　判

（1）　訴訟と調停

①　訴訟と調停の違い

　調停は、裁判所の選任する調停委員が間に入って両者の言い分を聞き、両者に歩み寄らせて調停合意による解決を目指すが、その合意がまとまりそうにないという場合は、単に調停が不調となるだけで終わるというシステムである。

　これに対し、訴訟は、最終的に、裁判官による判決が下される。この場合であれば、芸能事務所との契約の解除を求める訴訟を提起することとなり（書式例3参照）、審理の末、退所を求める契約の解除が無効か有効か、

1　Alternative Dispute Resolutionの略称。平成16年に始まる裁判外紛争解決手続の利用の促進に関する法律（通称ADR法）に基づき、弁護士会のみならず各種業界団体で、ADRを設けてよいこととなった。厳格な裁判制度に適さない紛争について、ADRとしての仲裁、調停、あっせんなどによってその解決を図ることとしたものである。

判断が下されることになる。しかも、訴訟は判決を目指す手続だが、途中、裁判官が間に入り、調停と同様の和解的な解決も試みられる。

書式例4　訴状（例）

訴　状

令和○年○月○○日

東京地方裁判所民事部　　御中

原告訴訟代理人弁護士　　　○○○○

〒○○－○○　　東京都○○区○○○○

原　　　　告　　○　　○　　○　　○

【送達場所】〒○○－○○
東京都○○区○○
○○法律事務所
電　話　○○○○　ＦＡＸ　○○○○
原告訴訟代理人弁護士　　　○○○○

〒○○－○○　　東京都○○区○○○○

被　　　　告　　株式会社○　○　○
代表者代表取締役　　○　　○　　○　　○

請求の趣旨

1　原告と被告との間において、原告と被告との間の令和○年○月○○日付け専属契約が終了していることを確認する
2　被告は、原告に対し、金○○円及びこれに対する本訴状送達の日から翌日まで年３％の割合による金員を支払え

3　訴訟費用は、被告の負担とする

との判決並びに第2項、第3項に限り仮執行の宣言を求める。

申立の理由

第1　当事者

原告は、タレントであり、被告は、数多くのタレントや芸能人のマネージメントを業とする株式会社である。

第2　原告と被告の間の専属契約と、原告が当該契約を解除したこと

1　原告と被告の間の契約

　原告と被告の契約は、令和○年○○月○○日、専属契約書を取り交わし、契約期間は令和○年○○月○○日より10年間とする専属契約を締結した（甲1。以下、「本件契約」という。）。

　本件契約に基づいて、被告は、原告をテレビ番組やコンサート等の企画等に出演させる交渉等のマネージメントを行う義務、さらには原告の出演した企画等で被告が売上を得た際には本件契約所定の条件に従って報酬を原告に分配する義務を有し、これに対し原告は、被告の定めるレッスン等を受ける等して自らの芸能スキルの研鑽に努めるとともに、被告の指示する企画等に出演し、芸能の提供に努める義務を有していた（甲1）。

2　被告の債務不履行

　被告は、毎月、原告の芸能業務に関わる売上を25日締めで集計し、翌月20日限りで、その○％を支払うこととなっていたところ、令和○年○○月より、この毎月の支払いを怠り始めた。原告の出演番組についてはこの間変動はないから、その滞納額は現在、○○円に達している。

　その後、原告は、被告に対し、報酬の支払いを求めたが、被告は不誠実な対応に終始するばかりである。

　原告は、このような状況では、適正な芸能活動が行えないと考え、被告の以上の債務不履行を理由に、令和○年○月○○日、本件契約の解除を通知した（甲2）。

第3　被告の、原告の芸能活動に対する嫌がらせ（確認の利益）

　　原告は、その後、フリーで芸能活動を始めたが、被告は、原告の出演先等に対し、原告と被告の本件契約はまだ続いている、被告の了解もなく原告を出演させるな、報酬はまず被告に支払え、等と通告する等して、原告の芸能活動を妨害している。その結果、出演先の方も、原告と被告の本件契約の法的評価について、はっきりさせて欲しい、でなければ、原告を出演させられない、等と言う状況にある（確認の利益）。

第4　結語

　　よって、原告は、本件契約が終了していることの確認を求めるとともに、未払い報酬の支払いを求めるべく、請求の趣旨記載の判決を求める次第である。

添付書類

1	会社登記簿謄本	1通
2	甲号証	各1通
3	訴訟委任状	1通

以　上

　調停の場合、そこで話し合い決着がつけば事件としては解決するが、訴訟の場合、和解がまとまらず、判決となった場合、一審の判決に対して敗訴した側は控訴が可能であり、控訴審でも判決となった場合、敗訴した側からはさらに上告もあり得、都合、3回裁判が行われ（これを、「三審制」という）、解決に時間がかかるというリスクもある。

②　訴訟と調停の選択の基準

　訴訟は、憲法上公開が原則となっており（憲法82条）、法廷でのやりとりは公開される。すなわち、傍聴席で、誰が見ているかわからないというリスクがあって、芸能人と芸能事務所が紛争状態にあることが明らかと

なってしまうというリスクがある。これに対し、調停は非公開の手続である。

　次に、訴訟は、前述のとおり判決を目指す手続であり、原告として訴訟を提起する場合、原告の請求や主張を裏付ける証拠があることが前提となる。そうでなければ、単に原告の請求を棄却する敗訴判決が予想されることになる。しかしながら、調停の場合は、そこまでの証拠がなくとも、いわば単に話し合いを求める手続に過ぎないのであるから、調停を求めてみる価値はある。

（2）　仮処分

　例えば、逆に事務所側が、芸能人に対しこれまでの専属契約の解除を突然、一方的に主張し、しかも、それを交渉中であるにも関わらず乱暴にもこれを世間に公表するというような措置をとってきた場合、どうするか。

　既に事務所側の態度は明白で、しかも一方的に契約解除を公表するまで至っているのであるから、何らかの話し合いを求める手続よりは、解除は無効であるとの司法の判断をしかも速やかに得たいと考えざるを得ない。この場合、（1）で述べた通常の訴訟であれば、判決まで相当の日数を要することが予想される。訴訟を提起して、第1回の期日が入り、そこで訴状を陳述するも、次の審理の機会は約1か月後、というようなペースで進んでいくのが通常の訴訟のスタイルだからである。その間に、当該芸能人の芸能事務所の退所が公表され、出演継続中のテレビ番組等も降板させられる等、退所の扱いが既成事実化されかねない。

　そこで、この場合は、契約解除の無効と契約上の地位を有することの確認を求める仮処分という手続の選択が考えられる。

　「仮処分」というのは、保全処分という民事裁判手続の1つであるが、通常の訴訟の前に、ある権利等を保全する必要がある場合に行われる手続である。

　前述のとおり、訴訟において判決が出るまでには相当の日数を要することが予想されるところ、例えば、被告に対して○○円を支払え、という訴

訟の判決が出るころには、被告が、財産を処分したり、隠したりして財産
が何もないといったことも考えられる。そのため、その訴訟を起こす前
に、被告の財産（例えば不動産）を仮に差し押さえる「仮差押」という手
続があるのだが、これも保全処分の１つである。

　被告は○○円を支払え、というような金銭債権を保全するための「仮差
押」と異なり、金銭債権以外の権利や地位を暫定的に保全するための制度
が「仮処分」である。

　民事保全処分が裁判所に認められるための要件は、①被保全権利の存在
と、②保全の必要性である。この契約上の地位を有することを確認する仮
処分の場合は、①はまさに当該契約上の地位と芸能事務所側の契約解除の
主張が訴訟において無効とされる可能性が高いことであり、②は、例えば、
このまま漫然と訴訟を行っている間、芸能事務所側が当該芸能人の退所を
公表して、契約解除の既成事実化を図り、当該芸能人が出演番組から降板
させられていく等の事態となれば、当該芸能人のその後の芸能活動や生活
自体にも支障が出てくることが想像でき、一旦契約上の地位が存続するこ
とを確認する必要があるといったその必要性のことである。以上の要件が
認められれば、この仮処分命令が裁判所によって下される可能性があり[2]、
この仮処分を受けた後、芸能事務所やテレビ局等に再考を促すこととなる。

　また、仮処分手続の場合は、「仮差押」とは異なり、必ず審尋（裁判所
が各当事者から主張を聞く手続）が行われるので、この審尋の場で、裁判
所が訴訟における見通しを示し、芸能事務所側の契約解除が無効とされる
可能性が高いとなると、事務所側に対し契約解除の主張を撤回するよう求
め、和解的解決が促されることもある。

2　平成29年2月22日付朝日新聞記事より。タレント細川茂樹氏は、当時所属した芸能事
　務所の平成28年末の契約解除は一方的で無効であるとして、芸能事務所との専属契約上の
　地位を有することの保全を求める仮処分を求め、翌年2月21日、東京地方裁判所はタレン
　トの申し立てを全面的に認めて地位の保全を命じた（https://www.asahi.com/articles/
　ASK2Q44RZK2QUTIL02Q.html）。

書式例5　仮処分申立書（例）

地位保全仮処分申立書

令和○年○月○○日

東京地方裁判所民事部　　御中

債権者申立手続代理人弁護士　　○　　○　　○　　○

〒○○－○○　　東京都○○区○○○○

債　権　者　　○　　○　　○　　○

【送達場所】〒○○－○○
東京都○○区○○
○○法律事務所
電　話　○○○○　ＦＡＸ　○○○○
債権者申立代理人弁護士　　○○○○

〒○○－○○　　東京都○○区○○○○

債　務　者　　株式会社○　○　○　○
代表者代表取締役　　○　　○　　○　　○
電　話　○○○○　ＦＡＸ　○○○○

申立の趣旨

　債権者が債務者に対し、令和○年○○月○○日付け専属契約書に基づく専属契約上の権利を有する地位にあることを仮に定める。
との裁判を求める。

申立の理由

第1　被保全権利

1　当事者

　　債権者は、タレントである。

　　債務者は、債権者をはじめ、数多くのタレントや芸能人のマネージメントを業とする株式会社である。

2　債権者と債務者の契約

　　債権者と債務者の契約は、令和○年○○月○○日、専属契約書を取り交わし、契約期間は令和○年○○月○○日より5年間とする契約を締結した（以下、「本件契約」という。）。

　　本件契約に基づいて、債務者は、債権者をテレビ番組やコンサート等の企画等に出演させる交渉等のマネージメントを行う義務を有し、これに対し債権者はそれに出演し、芸能スキルの向上に努める義務を有していた（甲1契約書）。

3　突然の一方的で乱暴な契約解除の通知

　　しかるに、債務者は、令和○年○○月○○日、突然、債権者との本件契約を解除する旨通知してきた（甲2解除通知）。

　　この通知書には、具体的な解除理由が書かれていないが、契約条件をめぐって、令和○年○月○頃、債権者が債務者に対し、契約条件の改訂の要望を述べたことが発端になっていると思われる。

　　この通知が為された後、債権者と債務者は、双方代理人弁護士をたてて、協議を行ったが、和解には至らず、債務者は、本件契約を解除したことを、債権者の了解もなく、業界関係者への周知を開始した。

　　この点、債務者の本件契約解除には、前述の通知書（甲2）にも解除理由が書かれていないばかりか、具体的な解除理由は存在しない。これに対し、本件契約は、契約期間が定められており、契約期間内の解除理由は、契約第○条に所定の事由に限定されているところ（甲1）、本件は、これにあたる事情は存在しない。

　　これに対し債権者は、本件契約に基づき、通常の芸能活動を営み、債務者がマネージメントをする各番組に出演してその芸能を提供していたものである。

　　すなわち、債務者の本件契約解除は、解除権の濫用であり、無効とされるべきものである。

第2　保全の必要性

　　前述のとおり、債務者は、本件契約解除について、業界関係者に周知する等して、既成事実化を図り始めている。

　　しかも、債務者は、その後、債権者の意向等を聞くこともなく、債権者が出演中のテレビ番組「○○」のテレビ番組編集部にも、債権者と契約解除した旨連絡し、その結果、テレビ局○○から、テレビ番組について降板していただきたい旨の連絡が来た。

　　このまま、債務者が本件契約解除を現在出演中の各番組編集部等、業界関係者に周知し、債権者の出演番組や企画等が消失すれば、債権者は生活に困窮することになる。

　　これに対し、前述のとおり、債務者の本件契約解除（甲2）は前述のとおり一方的かつ理由のない乱暴なものである。

　　以上から、本裁判を通じて、債権者と債務者との本件契約の有効性を示していただき、債務者には本件契約の有効性を前提に、テレビ局○○をはじめとする債権者の出演番組の主催者等に、債権者の出演交渉を継続させる必要がある（保全の必要性）。

第3　結語

　　よって、債権者は、債務者に対する本件契約上の権利を有する地位にあることを仮に定めること等の決定を求めるべく本裁判を申し立てるものである。

添付書類

1	会社登記簿謄本	1通
2	甲号証	各1通
3	手続委任状	1通

以　上

（3）　労働審判

　芸能事務所と芸能人の契約が、雇用契約と評価し得る場合であれば、労働審判の利用が可能となる（第2章第1・1参照）。例えば、芸能人と芸能事務所の契約が雇用契約と評価できる場合の、給料の未払い、突然の芸能事務所側の契約解除（すなわち解雇）等のトラブルについて、この手続を用いることが可能である。

　労働審判は、労働者と使用者側の雇用契約に関するトラブルについての特殊な裁判手続である。裁判官1名と、一般市民2名による審判員の3名で審判廷が構成され、原則3回の期日で審理が行われる。市民2名の審判員は、労働者団体の推薦する委員と、経済界が推薦する委員の中から選ばれる仕組みとなっている。

　3回の期日は、1ないし3週間に1回の割合で迅速に設けられ、労働者側、使用者側双方からの意見について時間をとって丁寧に聴取し、和解も試みつつ、仮に和解が成立しない場合は、何らかの審判を下すというものである。和解に際しては、審判の内容を予想した勧告案が出されることもある。つまり、調停的要素と、訴訟的要素の双方を加味した手続であるが、何らかの勧告案が出ることもありえるところが調停とは異なる。もっとも審判に対しては、不服があれば異議を出せることとなっており、異議が出た場合、通常の一審訴訟に移行する。

　ただし、一度審判が出た後の訴訟ということもあり、訴訟では、再度双方の主張・立証を繰り返すこととなるものの、審判の結果を踏襲する判決となりやすいことが想定される。したがって、労働審判において、審判廷から示された勧告案については和解に応じた方がよいという考慮も働くので、この手続を用いることで、迅速に解決できることも期待できる。

2　ADR

（1）　弁護士会仲裁・あっせん

　裁判というと、芸能事務所側はそれだけで感情的な反発をする傾向もある。裁判に踏み切るというだけで感情的になってしまって、平和的な話し合いによる解決が難しくなる場合がある。これは調停でも同じであって、調停や訴訟の場合、第1回の期日は訴訟や調停を起こした方と裁判所の都合で決めるのであるが、その期日呼び出し状は、裁判所の封筒で相手方に送られる。この裁判所から呼び出し状が来た、という事実だけで感情的になってしまう芸能事務所の社長もいたりするので、注意が必要である。

　そこで、裁判を避けるとすると、本章冒頭で紹介したとおり、ADR、例えば弁護士会のあっせん・仲裁手続がある[3]。これは、調停と似たようなもので、弁護士会のあっせん・仲裁委員が、両者の言い分を聞いて、あっせんする。両者の同意があれば、仲裁判断も示すことができる。しかも訴訟や調停よりも、その審理期日は、相当程度迅速に設けてもらうことができ、もしこの手続で話し合いがまとまるのであれば、比較的短期間で解決を図れることも期待することができる。

　もっとも、調停の場合であれば、民事調停法上、相手方には出頭義務があるし、訴訟の場合であれば、欠席をすると、いわゆる通称「欠席判決」といわれて原告勝訴の判決が出るが、弁護士会のあっせん・仲裁にはそうした強制力はない。相手方が手続に応じなければ、手続自体を進めることができない。

3　参考として下記に東京三弁護士会のwebサイトのリンクを掲載する。
https://www.toben.or.jp/bengoshi/adr/（東京弁護士会）
https://www.ichiben.or.jp/soudan/adr/adr/（第一東京弁護士会）
https://niben.jp/chusai/index.html（第二東京弁護士会）

（2）　その他

①　一般社団法人日本音楽事業者協会によるADR

　芸能事務所が一般社団法人日本音楽事業者協会（以下、「音事協」という）加盟の事務所の場合、芸能事務所と芸能人の間の契約は、音事協が推奨するひな形の「統一契約書」が用いられているケースが多いが、この場合、当該契約には、当該契約に関するトラブルは、音事協におけるADR（一般社団法人日本音楽事業者協会調停委員会）にて解決を図ることができる、という条項がある。

　したがって、仮に、芸能事務所の側の主張やふるまいが横暴な場合等は、このADRを用いて、上部団体による指導を促すことも考えられる。

②　中小企業庁の「下請かけこみ寺」

　ほかに、下請け代金に関する、例えば支払額の減額や支払い遅延等のトラブルであれば、中小企業庁の「下請かけこみ寺」というあっせん手続がある。

　例えば、テレビ制作会社等からの芸能事務所もしくは芸能人に対する報酬の不払いや、あるいは一方的な減額といったトラブル等についてこの手続を用いることが考えられる。

　この点、芸能業務は、法的には「役務提供」ということになるが、役務提供委託契約の場合、親事業者（委託者）が資本金5,000万円超、下請事業者（受託者。個人含む）が5,000万円以下の場合、あるいは親事業者が資本金1,000万円超5,000万円以下、下請事業者（個人含む）が資本金1,000万円以下の場合、その役務提供に対する対価は下請代金として評価されることとなり、下請法の適用を受ける可能性がある。

　下請法によれば、親事業者には発注書面の作成義務、交付義務、保存義務が課せられ（これについては罰則もある）、さらには下請代金について役務の提供を受けた日（例えば、芸能人が出演した日）から60日以内の、できる限り短期間で支払期限を設けて明示する義務が課せられている。さらには親事業者には、下請代金について不当な減額、不当な支払遅延等が

禁止行為として課せられ、下請事業者がこれを中小企業庁等に告発したことによる報復措置を禁止している。

　中小企業庁の「下請かけこみ寺」は、こうした下請代金のトラブルについて、無料で相談を受け付けている。その後、ADRという手続に進むことも可能であるし、これにも相手先が応じない場合、中小企業庁に対し、下請法違反で勧告を出すよう促すことができる[4]。

4　https://www.zenkyo.or.jp/kakekomi/soudan.htm

第3　事　例

　次に、以上を踏まえて、類型的な事例を念頭に置きつつ、どの紛争解決手続の選択が適切なのかについて、考察してみる。

1　芸能人と芸能事務所のトラブルの場合

Case 9

事務所が退所を認めてくれない……

　所属していた芸能事務所からの報酬の支払いが滞っています。そこで、退所してフリーで活動をした方がよいと考え、退所を伝えたのですが、まだ契約期間が残っているから退所は認められない、少なくとも辞めるなら芸名を使うな、あるいは損害賠償を払えなどと言ってきます。どちらも退所の条件として到底納得できません。この場合、どのような解決手段が適切でしょうか。

　所属事務所を辞める、退所する、という行為は、芸能人の方から、所属事務所との契約を解除する、という行為であるが、契約の解除は、相手方がこれに同意してくれない場合、相手方に何らかの債務不履行（＝契約上の義務の不履行のこと）がないと、原則として、契約期間内の契約の解除はできないことになる。芸能人と芸能事務所との契約には、①労働契約、②下請契約（請負型の業務委託契約）、③エージェント契約（委任契約）

の３類型があると分析されるが（第２章第１・１参照）、①、②の場合は、とりわけそうである。③の場合は、委任契約であるから、民法651条１項に基づいて両当事者はいつでも解除できるのが原則である。

　ただし、契約期間内の、芸能人側からの契約解除について、仮に解除理由があるとされる場合であっても、芸能事務所側がそれで被るであろう損害（逸失利益など）を賠償する義務が発生する可能性があるし（東京地裁平成12年６月13日判決・判タ1092号199頁）、③の場合は、民法651条２項によって賠償責任が発生する可能性がある。

　本事例の場合、前述の①、②の場合の契約類型だとしても、報酬の支払いが滞っているという債務不履行が芸能事務所側に存在するのであれば、契約の解除は有効となることが予想される。ただしこれに対し、芸能事務所の方も、芸名使用の差し止めや契約期間内の解除であるとして損害賠償を請求してくることが考えられる。

　したがって、本章第１で述べたとおり、退所の条件を調整して交渉で解決することが望ましいが、交渉が難しい場合は、何らかの法的手続を検討せざるを得ないところ、芸能事務所側の言い分も踏まえて、調停やADR等、穏便な手続が望ましいとも考えられるだろう。しかしながら、芸能事務所側の態度が頑なであることが予想される場合には、訴訟に踏み切らざるを得ない場合も考えられ、この場合、芸能事務所側の報酬不払いという債務不履行を容易に立証できるとなれば、契約解除の有効性を主張し、当該芸能人と芸能事務所の間には、既に契約は存在しないことの確認を求める訴訟を提起することになろう（書式例３（119頁）参照）。

Case 10

突然事務所から契約を解除された……

所属していた芸能事務所から、まだ契約期間が残っているのに、突然、契約の解除を宣告されました。到底納得できません。この場合、どのような法的手続で争うことが可能でしょうか。

　この場合は、芸能事務所側が契約解除を一方的に通告してきたにとどまる場合は、まずは交渉によってその撤回を求めることを検討すべきであろう。というのも、芸能事務所側が、あくまで威嚇の趣旨で、このようなことを言ってきているに過ぎない場合もあるからである。例えば、報酬割合等契約条件の改定を狙って、契約解除をちらつかせて威嚇してきたに過ぎない、ということもあり得る。そうであるならば、まずは、丁寧に、穏便な交渉を試みることを考えるべきであろう。

　そこで、この場合もまずは、契約の内容等を分析する必要がある。前述のとおり、芸能人と芸能事務所の間には、大まかにいって、①雇用契約（労働契約）、②請負契約（請負型の業務委託契約）、③エージェント契約（委任契約）の３つの類型があり得るが、①、②の場合は、契約期間内の一方的な契約解除は原則として認められず、芸能人側に何らかの債務不履行の存在が必要となる。また③の場合であれば、民法651条１項によって両当事者は原則としていつでも契約解除は可能であるが、その契約が受任者の利益のためにもなっており、委任者も解除権を放棄した事情が存在した場合には、契約期間内の一方的な解除は許されないと解し得る余地がある（最高裁昭和56年１月19日判決・判タ438号93頁）。委任者が本件委任契約の解除権自体を放棄したものとは解されない事情があるかどうかは、具体的には、本件契約の趣旨、目的、本件契約によって双方当事者が得る利益の程度（本件契約の当事者間の相互利用関係・相互依存関係の程度など）、

本件契約の存続に関する契約書の定め等、本件契約に関する諸事情を総合考慮して判断すべきとされている（東京高裁平成28年1月19日判決・判時2308号67頁）。

よって次に、芸能事務所側の契約解除が有効となるような、芸能人側の債務不履行が存在するかどうかを検討することとなり、例えば、芸能人が正当な理由もなく、出演をしなかった等の債務不履行が格別見当たらないのであれば、当該契約解除は無効とされる可能性がある。

したがって、芸能事務所側の契約解除の主張が一方的で無効となる可能性があるとなると、このことを丁寧に芸能事務所側に伝え、穏便な交渉を試みるべきであろう。そして、交渉での解決が難しいとなれば、まずは穏便に調停やADRによる第三者を入れた交渉を試みるべきであろう。

次に、芸能事務所側が、メディア等を通じて、契約解除を一方的に公表し、契約解除を既成事実化してくることも考えられる。この場合は、交渉によってその撤回を求めることは難しいであろうから、芸能事務所側の主張する解除の無効を争う法的手続を検討することになる。

この場合、事務所側の解除の主張が有効か無効かを悠長に争う時間はあまりないであろう。事務所側は、解除を前提に、テレビ局等に、当該芸能人はその芸能事務所の所属ではなくなったことを一層広めてその既成事実化を図ることも考えられるからである。

そこで、本章第2・1(2)で述べた契約解除の無効の確認と契約上の地位が継続していることの確認を求める仮処分という手続を考えることになる。前述のとおり、通常の訴訟よりは、迅速に行われる手続だからである。

しかも仮処分手続の場合、必ず審尋が行われるので、この審尋の場で、裁判所が訴訟における見通しを示し、解除が無効とされる可能性が高いとなると、事務所側に対し契約解除の主張を撤回するよう求め、和解的解決が促されることもある。

2 芸能人、芸能事務所、イベント主催会社・テレビ局等の三者間の紛争

Case 11

イベント出演料が支払われない……

あるイベントに出演し、その際、イベントの1か月後に出演料が支払われるとの約束だったのですが、その会社の経営が芳しくない状態になったという理由で支払われません。所属する芸能事務所も強く支払いを求めてくれません。この場合、私は泣き寝入りをするしかないのでしょうか。支払いを求める法的手段はあるのでしょうか。

　この場合、イベント主催会社から支払われる出演料の性格を検討する必要がある。すなわち、それが芸能人とイベント主催会社との契約に基づくものか、あるいは芸能事務所とイベント主催会社との契約に基づくものかを検討する必要がある。

　前者であるとすれば（第2章第2・1参照）、芸能人としてイベント主催会社に直接請求することが可能である。この場合、交渉によっても解決が図れないのであれば、仮に、イベント主催会社の資本金が1,000万円以上であれば、前述の中小企業庁の「下請かけこみ寺」の活用が考えられるであろう（本章第2・2(2)②参照）。

　当該出演料が、芸能事務所とイベント主催会社の間のものである場合は、芸能人としてはその分の報酬を当該芸能事務所に請求することになる。この場合も、仮にイベント主催会社から支払いがない場合でも、芸能

事務所としては報酬を支払う義務があることを丁寧に説明し、その支払いを求めることになる。

そして、この場合、芸能事務所は、きちんとイベント主催会社に対し、支払いを求めるべきであろう。そうした行動をきちんととらないと、逆に所属芸能人らの不信を招きかねない。

この場合も、先に説明したとおり、イベント主催会社と芸能事務所との間に、親事業者、下請事業者の関係が認められることとなれば、中小企業庁の「下請かけこみ寺」の活用が可能である。

なお、当該イベント主催会社の経営状態が悪化していて、訴訟を視野に入れたとしても、その後の回収が難しいのであれば、財産を調査し、民事保全処分の１つである、「仮差押え」という財産保全手続も検討することになる（本章第２・１(2)参照）。

Case 12

突然番組の降板を宣告された……

これまで出演していたテレビ番組について、所属していた芸能事務所の方針をめぐって対立するようになると、突然、降板を宣告されました。関連はないのかもしれませんが、降板は納得できません。争うことはできないのでしょうか。

この場合も、テレビ局との出演契約の内容について分析する必要がある。芸能人との間の直接の契約か、それとも、芸能事務所とテレビ局との間に契約があって、芸能人はいわばその番組に派遣されていると考えられる、という２つのパターンがあり得る（第２章第２・１参照）。

前者の場合、降板は、テレビ局側からの一方的な契約解除ということになり、芸能人としては当該契約解除の当否を問うことが考えられる。

　この点、出演契約は、仕事の完成を目的とした請負契約の側面と委任契約の性質の両面を有するとした判決がある（東京地裁平成28年1月25日判決・判タ1427号205頁）。契約書等に解除条件の定めが別途ある場合は別として、そうでない場合は、民法では請負契約としても委任契約としても、テレビ局側はいつでも契約を解除できるということになる（民法641条、651条1項）。

　もっとも、いつでも自由に降板できるかというと、別の考慮要素もあり得るだろう。例えば、今後1年間の出演を約束しておきながら、突然、降板となった場合、芸能人にしてみれば、その出演約束を前提としてスケジュールを調整し、他の仕事をブッキングしないようにしているわけで、降板を正当化し得る事情もない場合にはその逸失利益等について賠償を請求し得ると考えられるし（民法651条2項）、少なくとも当該出演に向けて準備した準備費用等の賠償は請求し得ると考えられる（民法641条）。

　後者の場合は、テレビ局に降板の問題を直接問うことは原則としてできない。

　ただし、例えば番組関係者の証言等によって本事例にあるような事情の存在を立証し得るとすれば、テレビ局と芸能事務所間の連携による、不当な降板とも評価することができ、共同不法行為（民法719条）として損害賠償請求が考えられるだろう。

　またこのような行為は、公正取引委員会の平成30年2月15日付「人材と競争政策に関する検討会報告書」（資料（146頁以下）参照）が分析するところの、役務提供者（この場合、芸能人）に関するネガティブな情報を発注者間で広げることで、役務提供者の事業を妨害する行為とも評価し得るだろう。独占禁止法上の優越的な地位の濫用にも該当し、不法行為性を肯定する事情にもなると考えられる。なお、その場合、当該行為について、独占禁止法違反にあたるかどうかの相談等を公正取引委員会に行うこともできる。

　こうしたことを指摘しつつ、降板の撤回を求める交渉や、損害賠償を求

める交渉、あるいは調停やADRの活用が考えられるだろう。

3 その他 ── 芸能事務所間の紛争の場合

Case 13

他事務所による引き抜き行為

　当事務所所属の女性タレントはアイドルとして売れ始めたところですが、どうも、他の芸能事務所が彼女を引き抜こうとしていることが判明しました。この場合、当事務所としては、このような動きに対抗してどのような法的手段をとり得るでしょうか。

　この場合、先方の芸能事務所の行為について、不当な引き抜き行為であるとして、民法709条の不法行為の規定に基づき、損害賠償請求やその引き抜き行為の差し止めを求める法的主張とその法的手続を検討することが可能であろう。

　そして同じ業界内の、芸能事務所間の問題でもあり、交渉で解決を図るべきであるが、交渉が難しいとしても、まずは調停やADRを検討すべきであろう。

資料

人材と競争政策に
関する検討会報告書

資　料

人材と競争政策に関する検討会報告書

平成30年2月15日

公 正 取 引 委 員 会
競争政策研究センター

第1　はじめに

1　検討の背景・目的

(1)　働き方の多様化

　　近年、個人の働き方は多様化し、労働契約に基づき企業の従業員として働くのではなく、個人請負など、企業の指揮命令を受けずに「個人として働く者」が増加しつつあるといわれている。その背景には、終身雇用や年功序列を前提とした雇用システムでは個人の多様な就労ニーズに対応しきれない状況があることや[1]、オープンイノベーションの推進やITの進展により外部人材の重要性が増していること、インターネット上で企業と人材のマッチングが容易になったことがあると考えられる[2,3]。新たな就労形態につながるシェアリングエコノミーの我が国における認知度は現状、海外との比較では低く、「国勢調査」など基幹統計では自営業の退潮はとどまっていない。

　　しかし、今後、個人の働き方の多様化は更に進むとの予想もある。例えば、平成28年における広義のフリーランス人口は前年比で17%増加の1064万人と見込まれ[4]、今後も増加すると予測されている[5]。また、政府税制

1　日本型の人事はメンバーシップ型のため、職種別賃金が難しく、予見性・序列性の高い人事制度に馴染まない人たちが業務委託契約を選択しているとの指摘がある（高橋委員「フリーランス活用の背景と課題」（平成29年10月19日、人材と競争政策に関する検討会（第3回）資料2）6頁）。

2　前記脚注1の4頁、6頁。

3　プラットフォーマーと呼ばれる事業者を介して、インターネット上で企業と働き手のマッチングが容易にできるようになったことも増加の一因との指摘がある（経済産業省「『雇用関係によらない働き方』に関する研究会報告書」（平成29年3月）6頁）。

4　ランサーズ株式会社「フリーランス実態調査2016」（平成28年4月7日）（https://www.lancers.co.jp/news/pr/11465/）。

　　調査会では、自営業においては、農林漁業従事者、生産工程従事者、小売・卸店主といった「伝統的自営業」の割合が減少する一方、建築技術者、SE、保険代理人・外交員などの労働者に近い「雇用的自営等」の割合が増加していることが報告されている[6]。また、今後、我が国においてもシェアリングエコノミーに関する市場が拡大するとの予想もある[7]。

　　個人の働き方の多様化は、企業組織への雇用関係によらずに自らの意思で働きたい働き手にとって重要であり、出産や育児、介護など、働き手のライフステージに応じた柔軟な働き方の実現につながることが考えられる[8]。少子高齢化が進み人手不足の深刻化が懸念される我が国において、この多様化が、労働供給の間口を広げる糸口の一つとなると指摘されている[9]。

　　また、今後、労働人口減少が見込まれており、産業構造の変化などから、今後人材の需要が増加する産業では、深刻な人材不足問題が起こるおそれがある。人材不足による人材をめぐる需給の逼迫は、人材の獲得をめぐる競争が活発化する方向に働くが、その一方で、活発化した競争を制限する行為が行われる可能性もある[10]。

(2)　人材の獲得をめぐる競争と独占禁止法

　　このような状況の下、人材の獲得をめぐる競争に独占禁止法を適用する

5　平成27年から平成42年の間に、専業フリーランサーは109万人増、複業・副業フリーランサーは249万人増と予測されている（中村委員「個人と組織の関係の多様化 ―― 健全な契約関係をいかに創り出すのか ――」（平成29年8月4日、人材と競争政策に関する検討会（第1回）資料4）2頁）。
6　政府税制調査会「経済社会の構造変化を踏まえた税制のあり方に関する中間報告②（案）（税務手続の電子化等の推進、個人所得課税の見直し）参考資料」（平成29年11月20日）37頁。
7　厚生労働省「平成29年版　労働経済の分析」（平成29年9月29日閣議報告）168頁。
8　実証的には賛否両論あり、まだ確かめられているわけではない（Ryo Kambayashi, 2017, "Declining Self-Employment in Japan Revisited: A Short Survey", Social Science Japan Journal, vol.20, no.1, pp.73-93.）。
9　前記脚注3の1〜2頁。
10　米国では、IT産業界において高い技術を持った人材の需給が逼迫していたことを背景に、一部企業間でIT人材の引き抜き防止協定がなされ、当該協定がIT人材をめぐる各社の競争を行う能力を低下させ、本来であれば従業員をめぐる競争で有効であったはずの価格決定メカニズムの適切な機能を害したとして、Adobe Systems Inc., Apple Inc., Google Inc., Intel Corp., Intuit Inc., Pixarの6社が訴追された（2010年9月24日、米国連邦司法省公表）。U.S. v. Adobe Systems, Inc., et al.（March17, 2011 Final Judgement）。

　　意義は大きい。

　　元来、独占禁止法は、「公正かつ自由な競争を促進すること」を直接の
目的とするとともに、究極的には「一般消費者の利益を確保するととも
に、国民経済の民主的で健全な発達を促進すること」を目的とする[11]。

　　これを人材の獲得に当てはめれば、公正かつ自由な競争による市場メカ
ニズムが十分に発揮されることにより、①就労形態を問わず役務提供者（就
労者）が自由に働き、働きがいを得るとともに、その能力をいかんなく発
揮して、役務（労働）の価値を適切に踏まえた正当な報酬を受けることが
可能となる。さらには、②発注者（使用者）が有為な人材を適切に獲得す
るといった、社会全体における人材の適材適所の配置（労働力の需給マッ
チング）を実現し、③人材を利用して供給される商品・サービスの水準の
向上を通じた消費者利益の確保、商品・サービスを供給する経済活動の発
展に資するものと考えられる。

　　また、最近、我が国の課題として経済的格差の是正が求められている。
人材をめぐる競争の維持・促進は、市場メカニズムの活用による生産性・
賃金上昇、さらには経済成長につながることが期待され、中長期的な観点
からもこのような課題への解決に資するという点でも、独占禁止法を適用
する意義がある[12]。

　　そもそも、憲法22条においては職業選択の自由が保障されており、職業
は自己の持つ個性を全うすべき場である。この選択の自由は単なる経済活
動の自由にとどまらず、個人の人格価値と密接に関係するものとして尊重
する必要があり、そのためにも、人材の獲得をめぐる公正かつ自由な競争
の実現が必要である。

　　他方で、独占禁止法は2017年をもって施行70周年を迎えたが、施行当初
から現在に至るまで、我が国では人材獲得競争の分野において複数の企業

11　最判昭和59年2月24日（石油価格協定刑事事件）。

12　独占禁止法施行70周年公正取引委員会委員長談話「独占禁止法施行70周年を迎えるに
　　当たって～イノベーション推進による経済成長の実現～」（平成29年7月20日）8頁。
　　（公正取引委員会ウェブページ<http://www.jftc.go.jp/houdou/pressrelease/h29/
　　jul/170720_1.html>）
　　　土田和博「独占禁止法70年 —— 日本型競争法の特徴と課題 ——」公正取引801号（平
　　成29年）11頁。

が共同して競争を制限する行為について独占禁止法違反の問題が取り上げられた事例があるものの、人材獲得競争に関する独占禁止法上の考え方が整理されているとはいえない。

【松竹株式会社ほか5名に対する件（昭和38年3月20日不問決定（公正取引委員会））】

　　松竹株式会社、東宝株式会社、大映株式会社、東映株式会社、株式会社新東宝及び日活株式会社の6社（以下「6社」という。）は、いずれも映画の製作、配給及び興行を営む者である。6社のうち日活株式会社を除く5社は、昭和28年9月、5社以外の映画製作業者が5社と雇傭又は出演契約をした芸術家又は技術家を出演させて製作した映画を5社の系統上映館に配給しない旨の条項を含む協定を行なったが、昭和32年7月18日、この協定に更に日活株式会社が参加して前記5社の協定と同趣旨の協定を締結した。この協定に基づき、6社は、独立映画株式会社が東映株式会社と雇傭契約をしていた芸術家を出演させて製作した映画を、同年7月下旬、6社の系統館に配給することを拒否した。

　　以上の事実によれば、6社は、それぞれ、6社以外の製作業者が6社と契約している芸術家又は技術家を使用して製作した映画を、不当に6社の系統館に配給しないことにしているものであって、法第19条（一般指定の1【不当な取引拒否】該当）に違反する疑いがあった。

　　しかしながら、株式会社新東宝がこの協定から脱退したのを機として、5社は、昭和38年2月11日、前記協定中違反の疑いのある条項を削除し、その後このような行為を繰り返しておらず、違反被疑行為は消滅したと認められたので、公正取引委員会は本件を不問に付した。

　また、近年生じている人材の獲得をめぐる競争上の問題は、複数の企業が共同して競争を制限する行為にとどまるものではない。

　例えば、検討会では、以下のような事実の指摘があった。

○　企業が個人として働く者と契約する場合は、個人として働く者に
してもらう仕事を切り出して契約前に具体的に特定することが必要
となるが、企業で働く管理職は、長期雇用を前提としてその働く範
囲に限定のない者（無限定正社員）ばかりを部下に持つため、仕事
切り出しスキルやマネジメントスキルが低く、具体的特定が不十分
となっている。

○　企業が契約を締結するに当たって、個人の社会的信用力が担保で
きないことなどを理由に、個人との間で業務委託契約を締結できな
いことにしている場合がある。

○　企業が個人として働く者と契約をしても、企業内における上司と部
下の関係の延長として捉え、その者を自らの序列の下に組み入れて
対等なパートナーとして尊重しない傾向にあり、個人に対して一方的
な内容の契約を押し付けている（例えば、著作権を無償又は極めて
低廉な価格で譲渡するように要求したり、瑕疵担保責任を取引相手
の個人に対し一方的に押し付けたりするような内容の契約にする。）。

○　「働き方改革」として自社の正社員の労働時間制限を実施する一
方、そのしわ寄せを外部人材である個人に転嫁しているケースが一
部にみられる。

○　フリーランスが仕事を請ける場合、取引に当たって契約書を取り
交わしていなかったり、あるいは、条件として重要な契約期間を把
握しないまま、取引を行っていることは珍しくない。そのような者
は対価が低い傾向がある。

　こうした指摘は、働き方の多様化の促進の過渡期にある我が国において
は、「個人として働く者」の増加に社会全体が対応しきれておらず、「個人
として働く者」にそのしわ寄せが生じている可能性を示している。

　また、検討会事務局[13]は、今回、事業者団体、人材獲得競争をしている
企業組織、フリーランス等として活動する個人・有識者、学識経験者等、

13　公正取引委員会経済取引局経済調査室。

特定の業界に限らず幅広い業界・多様な立場にある方々を対象としたヒアリング（対象：91者）及びウェブアンケート（回答数：549）を実施した。それによると、例えば以下のように、個々の企業が「個人として働く者」に対して行う行為についての指摘が寄せられた[14]。

○　ある発注者が、取引先の役務提供者に自らの発注業務に専念させるため当該役務提供者が他の発注者から業務を受注できないように、他の発注者に対し、当該役務提供者への発注を取りやめさせた。

○　発注者の一方的な都合で、役務提供者との間であらかじめ取り決めていた発注量などの仕様を増加又は減少させられ、やり直しなど追加的な作業が発生したにもかかわらず、報酬額を据置きにされた。

○　ある成果物の製作を以前から受注している発注者からの発注については、従来よりも作業量が増えているにもかかわらず、作業単価を据置きにされた。

○　発注者の一方的な都合で、役務提供者との間で取引単価をあらかじめ取り決めず、取引開始後に発注単価が決められることがある。

○　ある業界では、発注者の予算を前提にした発注が行われているため、取引価格の協議を前提とした交渉が行われていない。例えば、発注者が見積り金額まで記載した見積書を用意していて役務提供者はこれにサインするだけという場合がある。

○　ある発注者（使用者）は、役務提供者が競合他社に移籍した場合、就業規則上の秘密保持義務を根拠に訴訟提起を示唆する警告書を、当該役務提供者等に送付し、円滑な移籍を妨害している。

こうした事実がどれほど広がっているかを評価するための客観的なデータが十分にそろっているとはいえないものの、現状、検討会事務局によるヒアリング及びウェブアンケートを通じて独占禁止法上問題となり得る事実が少なからず確認されていることは間違いない。

14　詳細については、本報告書 別紙3 （「人材獲得競争に係る実態ヒアリング及びフリーランス等に関するウェブアンケートの結果」）を参照。

　　　以上のとおり、人材の獲得をめぐる競争に対する独占禁止法の適用に係
　る考え方を整理することは、喫緊の課題となっている。

2　本検討会の設置及び検討

　　公正取引委員会は、平成29年8月、公正取引委員会競争政策研究センター
（Competition Policy Research Center（CPRC）。所長：岡田羊祐　一橋大
学大学院経済学研究科教授）に、「人材と競争政策に関する検討会」（座長：
泉水文雄神戸大学大学院法学研究科教授）を設置した。検討会は、独占禁止
法、労働法、産業組織論、労働経済学、労働市場についての学識経験者、専
門家及び実務家12名により構成された[15]。

　　検討会は、前記第1の1の状況を視野に入れて、検討会事務局が行った調
査により把握された事例に基づき、個人が個人として働きやすい環境を実現
すべく、人材の獲得をめぐる競争に対する独占禁止法の適用関係及び適用の
考え方を理論的に整理した。

　　なお、検討会は、独占禁止法に関するこれまでの裁判例、公正取引委員会
の審決、ガイドライン等を踏まえて議論を行い、検討会としての議論の結果
を本報告書として取りまとめたものであり、その内容は、公正取引委員会の
見解と同一とは限らない。また、本報告書は、人材の獲得をめぐる競争に対
する独占禁止法の適用に関して、現時点で把握された範囲での検討結果であ
り、今後、必要に応じて検討を深める必要がある。

⑴　検討対象

　　本報告書では、「個人として働く者」、すなわち「役務提供者」の獲得を
めぐって、役務提供を受ける企業等、すなわち「発注者」間で行われる競
争について、また、役務提供者が労働者と評価される場合には「使用者」
間の競争について、それを妨げ役務提供者に不利益をもたらし得る発注者
（使用者）の行為に対する独占禁止法上の考え方を整理した。

　　「個人として働く者」とは、「フリーランス」と呼ばれる人がその代表
であり、例えば、システムエンジニア、プログラマー、IT技術者、記者、
編集者、ライター、アニメーター、デザイナー、コンサルタントなどが挙

15　文部科学省（スポーツ庁）、厚生労働省、経済産業省及びCPRC所長がオブザーバーとして
　　参加した。

げられるが、このほか、スポーツ選手、芸能人を含む、幅広い職種を念頭に検討を行った。ただし、特定の業種・職種固有の具体的な取引慣行に対する評価は、検討対象とはしていない。

　また、役務（提供）型の典型契約の類型としては、民法上、雇用、請負、委任等があり、本検討会ではこれら全てを検討の対象とした。ただし、これらは、本検討会における検討対象の範囲を示す一連の概念である。実務的には混合契約・非典型契約によって行われることも多く、必ずしも典型契約だけにとどまらないことから、本報告書においては、これら全体を検討対象とはしたが、独占禁止法の適用に関してこれら民法上の契約類型に応じた議論は行っていない。

(2)　検討経緯

　検討会は、平成29年８月に第１回会合を開催し、平成30年２月までに合計６回の会合を開催した。会合においては、検討会委員によるプレゼンテーションが行われ、また、検討会事務局が行ったヒアリング及びウェブアンケートの結果が報告された。検討会委員によるプレゼンテーション、事務局による報告等を踏まえて検討会委員の間で議論が行われ、それを経て、検討会としての結論が本報告書として取りまとめられた。

第2　独占禁止法による行為規制の概略

　独占禁止法は公正かつ自由な競争を促進することを目的としており、そのために、公正かつ自由な競争を損なう事業者等の行為を禁止している[16]。同法にいう事業者は、通常は企業であるが、それに限られず、事業活動を行う主体を幅広く指し、法人であるか否かを問わない[17]。

　競争とは複数の事業者の間で行われるものであり、その中で、各事業者がそれぞれの判断で自由に事業活動を行うことが、競争が公正かつ自由に行われることにつながる。しかし、複数の事業者が、事前に示し合わせて、本来各事業者が独自に決めるべき販売価格の引上げを取り決めること、いわゆる価格カルテルは、事業者の間での価格競争を損なう行為である。販売数量など販売価格

16　独占禁止法１条。
17　最判平成元年12月14日（都営芝浦と畜場事件）。

以外の取引（競争）条件について行われる場合も含めこのような行為は、競争
に与える悪影響が大きく、複数の事業者が共同して市場をコントロールし、市
場が有する競争機能を損なう行為[18]ともいえる。このような悪影響を「競争を
実質的に制限する」といい、以下では、「競争の実質的制限」ともいう。独占
禁止法は、このような複数の事業者による行為、つまり「共同行為」を「不当
な取引制限」（独占禁止法2条6項）として禁止している。

　これに類似した行為として、市場をコントロールするまでには至らなくて
も、市場が有する競争機能を一定程度損なうおそれがある行為も、独占禁止法
は禁止している。この行為は不当な取引制限とは違い、ほとんどの場合、複数
事業者による共同行為ではなく単一の事業者による行為、すなわち単独行為を
問題としている。例えば、あるメーカーが流通業者に対して、自らの競争者の
商品を扱わないようにさせることで、その競争者であるメーカーが商品を流通
させることができなくなり、その商品をめぐるメーカー間の競争が阻害される
おそれがある場合が挙げられる。このようなおそれを「自由競争減殺」と呼ぶ。

　このほかに、事業者間では競争が行われているものの、そのときにある事業
者の採った方法が公正とはいえない行為を独占禁止法は禁止している。例え
ば、ある事業者が、取引条件を実際よりも著しく優れているものと相手方に誤
解させ、また、社会的・倫理的に非難に値する手段等を用いて自らと取引させ
ることは、自己より良質廉価な商品・サービスを提供する競争相手と需要者と
の取引を妨げるものである。このように、公正とはいえない手段により競争を
阻害することは、一般に「競争手段の不公正さ」といわれる。また、競争手段
の不公正さは、良質廉価な商品・サービスを供給するという競争を阻害する競
争方法自体を問題とする。

　また、ある事業者が、取引主体が取引の許諾及び取引条件について自由かつ
自主的に判断することによって取引が行われることを阻害することは、「優越
的地位の濫用」として禁止されている。多数の売手と買手が対峙している状態
で、各事業者がそれぞれ独立性を有し、価格、品質などの取引条件に基づきそ
の取引の相手方を選択し、また、取引条件を自由に選択できるという状況の下
で、公正かつ自由な競争は成立する。それゆえ、自由かつ自主的な判断がなさ

18　最判平成24年2月20日（多摩談合（新井組）事件）。

れることは自由競争の基盤であり、市場における自由な競争そのものを直接損なうものでなくとも、自由競争の基盤を侵害すること自体を問題とする[19]。具体的には、事業者が取引上の地位が優越していることを利用して、取引の相手方に不利益[20]となるように取引条件を設定するといった場合に問題となる[21]。

第3　労働者・労働組合と独占禁止法

　前記第2のとおり、独占禁止法上の「事業者」に当たるために、その者が法人であることが必要というわけではない。また、「事業者」を定義する独占禁止法2条1項及びそれに関するこれまでの裁判例においては、労働者が「事業者」に含まれないとはされておらず、労働契約[22]により就労する労働者[23]は、独占禁止法の適用対象から明示的に除外されているわけではない。この点、米国においてかつて反トラスト法が労働組合の一定の活動を禁止する法律として運用された経験を踏まえ、我が国においてそのような運用がなされることを避ける観点から、1947年の独占禁止法立法時には、「人が自分の勤労を提供することは、事業ではない[24]」として、労働者の労働は独占禁止法2条1項の「事業」に含まれないとの解釈がなされ、公正取引委員会は、これらを踏まえて独占禁止法を運用してきた。

　しかし、前記第1の1のとおり、就労形態が多様化する中で、独占禁止法上

19　一般的には「自由競争基盤侵害」と称されるが、自由競争基盤侵害を問題として独占禁止法上禁止される行為は「優越的地位の濫用」であるため、分かりやすさの観点から、本報告書では「優越的地位の濫用」という表現のみを用いることとする。
20　取引当事者間における自由な交渉の結果、いずれか一方の当事者の取引条件が相手方に比べて又は従前に比べて不利となること自体は、あらゆる取引において当然に起こり得ることであり、この「不利益」はそのようなもの全てを含むものではない。
21　自由競争減殺、競争手段の不公正さ、優越的地位の濫用を総称して「公正競争阻害性」といい、独占禁止法は、公正競争阻害性が認められる行為を「不公正な取引方法」として禁止している。公正競争阻害性の考え方の詳細は　別紙5　参照。
22　労働契約法6条。なお、「就労関係の実態に照らして性質を決定するという労働法のアプローチにおいて、労働契約該当性は当該労務給付者が労基法上や労契法上の『労働者』といえるかどうかによる。」（荒木尚志『労働法〈第3版〉』（有斐閣、2016年）49頁）とされ、形式上の契約類型により判断されるものではない。
23　労働契約法2条1項。労働基準法上の「労働者」（労働基準法9条）も、これと同義とされている（菅野和夫『労働法〈第11版補正版〉』（弘文堂、2017年）170頁）。
24　橋本龍伍『独占禁止法と我が國民経済』（日本経済新聞社、昭和22年）117頁。また、同75頁も参照。

も労働法上も解決すべき法的問題が生じてきている。さらに、近年、労働契約
以外の契約形態によって役務提供を行っている者であっても、労働組合法上の
「労働者」[25]に当たると判断される事例[26]も生じている。このように労働契約を
結んでいなくとも「労働者」と判断される者が、独占禁止法上の事業者にも当
たることも考えられる[27]。

　以上のことを踏まえると、労働者は当然に独占禁止法上の事業者には当たら
ないと考えることは適切ではなく、今後は、問題となる行為が同法上の事業
者[28]により行われたものであるのかどうかを個々に検討する必要がある。同様
に、独占禁止法上の「取引」[29]についても、その該当の有無を、取引の類型ご
とに一律に整理するのではなく、独占禁止法上禁止されている行為（後記第5
又は第6の行為）に該当する行為が行われていると認められる場合に、その行
為のなされている取引が独占禁止法上の「取引」に該当するかどうかを個々に
検討することが適切である。

　そして、労働法と独占禁止法の双方の適用が考えられる場合、それらの適用
関係について検討する必要がある。

　そもそも独占禁止法立法時に前記のとおり労働者の労働は「事業」に含まれ
ないとの解釈が採られたのは、使用者に対して弱い立場にある労働者保護のた
め、憲法の規定に基づき労働組合法、労働基準法を始めとする各種の労働法制
が制定されたことを踏まえたものであった。この意義自体は現在も変わらない
ことからすれば、独占禁止法立法時に「労働者」として主に想定されていたと
考えられる伝統的な労働者、典型的には「労働基準法上の労働者」は、独占禁
止法上の事業者には当たらず、そのような労働者による行為は現在においても
独占禁止法の問題とはならないと考えられる。加えて、労働法制により規律さ

25　労働組合法3条。
26　最判平成23年4月12日（INAXメンテナンス事件）、最判平成23年4月12日（新国立劇
　　場事件）、最判平成24年2月21日（ビクターサービスエンジニアリング事件）。
27　INAXメンテナンス事件（最判平成23年4月12日）では、会社との業務委託契約により住
　　宅設備機器の修理補修業務に従事する者が労働組合法上の労働者と判断され、新国立劇場事件
　　（最判平成23年4月12日）では、1年単位の基本契約と個別の公演出演契約によりオペラ公
　　演に出演する劇場の合唱団員が労働組合法上の労働者と判断された。
28　独占禁止法2条1項及びそれに関するこれまでの審判決等を踏まえて判断される。
29　独占禁止法2条6項、一般指定2項、一般指定8項、一般指定11項、一般指定12項、一般
　　指定14項。

れている分野については、行為主体が使用者であるか労働者・労働者団体であるかにかかわらず、原則として、独占禁止法上の問題とはならないと解することが適当と考えられる[30]。例えば、労働組合と使用者の間の集団的労働関係における労働組合法に基づく労働組合の行為がこのような場合に当たる。使用者の行為についても同様であり、労働組合法に基づく労働組合の行為に対する同法に基づく集団的労働関係法上の使用者の行為も、原則として独占禁止法上の問題とはならないと解される。また、労働基準法、労働契約法等により規律される労働者と使用者の間の個別的労働関係における労働者(下記囲み部分参照)に対する使用者の行為(就業規則の作成[31]を含む。)も同様である[32]。ただし、これらの制度の趣旨を逸脱する場合等の例外的な場合には、独占禁止法の適用が考えられる。

○　労働基準法9条では「この法律で『労働者』とは、職業の種類を問わず、事業又は事務所に使用される者で、賃金を支払われる者をいう。」と規定されているが、この条文からは直ちに「労働者」の範囲が明確にはなっておらず、解釈によって判断基準の明確化が図られている。一般的には、雇用契約、請負契約といった契約形式ではなく、「①使用者の指揮監督下で労働し、②労務対償性のある報酬を受ける者に該当するか否か」という観点から就労実態に照らした実質的判断がなされている。そして、①及び②の観点のみでは判断できない場合においては、事業者性の程度に関わる事項(機械・器具の負担関係、報酬の額、損害に対する責任、商号使用の有無等)、専属性の程度等の観点も判断要素とされている(厚生労働省「労働基準法研究会報告(労働基準法上の「労働者」の判断基準について)」(昭和60年12月19日)1頁、荒木尚志『労働法〈第3版〉』(有斐閣、2016年)53～57頁)。

30　例えば、米国においては、ニューディール期に労働関係立法が確立されて以降は、労働組合の団体行動が競争法に抵触するような場合であっても、連邦最高裁は競争法の適用について謙抑的に解釈するようになったとされる(中窪裕也『アメリカ労働法〔第2版〕』(弘文堂、2010年)23頁)。
31　労働基準法89条。
32　前記脚注24の76～77頁。

第4　独占禁止法の適用に関する基本的な考え方

1　独占禁止法上の問題を検討する行為

　　発注者、つまり役務提供を受ける企業等は互いに、役務提供者の獲得に係る条件を他の発注者のそれよりも良いものとすることで、優れた役務提供者の獲得をめぐって競争し、また、役務提供者は互いに、自己の提供する役務の内容を他の役務提供者のそれよりも良いものとすることで、優良な役務提供条件による供給をめぐって競争している。また、役務提供者が労働者と評価される場合には、使用者も互いに競争していることとなり、使用者についても発注者と同様に論じることとなる（以下、これらの競争が行われる場を「人材獲得市場」という。次図参照）。

　　人材獲得市場においては、役務提供者の行為が他の役務提供者との間の競争に影響を与える場合と発注者の行為が他の発注者との間の競争に影響を与える場合の二つがあり得るが、前記第1の1及び第3で述べたとおり、役務提供者は発注者に対して弱い立場にあり、また、労働者は使用者に対して弱い立場にあることを踏まえれば、役務提供者による行為が、労働者として評価される場合も含め、人材獲得市場における市場メカニズムへの悪影響をもたらすことは、通常想定しにくい。したがって、独占禁止法上の観点からは、主として発注者の行為による他の発注者との間の競争への影響が問題となる。

　　また、発注者は、提供された役務を利用して様々な商品やサービス[33]を市場に供給しており、このとき発注者は、その商品やサービスを供給する相手方（需要者・消費者）の獲得をめぐって競争している（以下、この競争が行われる場を「商品・サービス市場」という。次図参照）。

　　人材獲得市場における発注者による役務提供者に対する行為は、商品・サービス市場において自由競争減殺や競争の実質的制限を生じさせる場合には、人材を利用して供給される商品・サービスの水準を低下させ消費者利益を損なう弊害もあると考えられる。

---

[33]　例えば、発注者は、著述家、通訳家・翻訳家、研修講師、保険外交員といった役務提供者から提供された役務を利用して、出版業、通訳業・翻訳業、教養・技能教授業、保険業等を営むことが挙げられる。

図　人材獲得市場及び商品・サービス市場

2　影響が及ぶ競争の範囲の特定

　　人材獲得市場において個人から提供される役務の種類は様々であり、各発注者が提供を受ける役務は、通常、その者による商品・サービスの供給に必要な又はこれと関連する範囲にとどまる。このため、各発注者によってある行為が行われても、それが人材獲得市場全般における競争に影響をもたらすことはなく、影響が及ぶのは一部の市場における競争、すなわち特定の種類の役務提供者の獲得をめぐる競争にとどまる。このことは商品・サービス市場における競争への影響についても同様である。

　　したがって、発注者による行為について独占禁止法上の検討を行うためには、人材獲得市場や商品・サービス市場における競争のうち、その行為により影響が及ぶ競争の範囲を特定する必要がある。その際、発注者による行為によって影響が生じる競争の範囲がどのようなものであるか[34]ということや以下のことを必要に応じて踏まえて、競争の範囲を特定する必要がある。

(1)　人材獲得市場における特定

　　人材獲得市場における競争のうち影響が及ぶ競争の範囲を特定する際に

34　東京高判平成5年12月14日（シール談合刑事事件）。

は、主として、役務提供者が、行為を行う発注者以外の発注者に対して役務を提供することが可能かということを踏まえる必要がある。

その際、幅広い業種の発注者に提供可能な汎用性のある役務もあれば、一方で、特殊なノウハウを要するなど、特定の業種の発注者のみに提供可能な役務もあり、役務の内容によって、提供可能な発注者の範囲に広狭があり得ることに留意が必要である[35]。また、行為を行う発注者以外の発注者に対して役務提供者が役務を提供するには転居を要し、その費用や家族に生じる負担等のため、変更が容易でない場合もあり得ることにも注意が必要である。

(2) 商品・サービス市場における特定

商品・サービス市場における競争のうち影響が及ぶ競争の範囲を特定する際には、主として、発注者による行為の対象となる役務を利用して発注者が供給する商品・サービスに代わる、別の商品・サービスが需要者にとって存在するのかということを踏まえる必要がある。

3 人材獲得市場に特有の事情

人材獲得市場における問題を考える上では、更に人材特有の事情があることに留意する必要がある。

(1) 個人と企業組織では情報量・交渉力の格差が存在すること

人材の適材適所の配置が適切に行われるためには、条件等が適切に開示・明示されることで、役務提供者が自己の希望と適性に合った職業を選べるという憲法22条の職業選択の自由や、役務提供者が「誰」と「どのような」取引をするかという選択の自由が必要である。

しかし、人材獲得市場における発注者は、通常、企業組織である。一般に、個人である役務提供者と組織力を有する企業との間には情報量・交渉力の面で大きな格差がある。企業が情報量・交渉力で勝っている[36]点において、個人の役務提供者と企業組織との間の取引は、通常の商品・サービ

---

35 例えば、経理財務のような役務提供者は、業種によって一定の学習は必要であるが、製造業やサービス業など幅広い業種の発注者に自らの役務を提供できると考えられる。これに対して、エステティシャンやネイリストは、エステティック業、ネイルサービス業以外の発注者への役務の提供が経理財務等に比べ困難であると考えられる。
36 「企業と個人の間に、情報の非対称性と交渉力の差が存在している」（前記脚注5の8頁）。

160

スに関する企業間取引とは異なることに留意する必要がある。役務提供者
自身の能力や意欲についての情報は役務提供者側が有していることが多
く、あらゆる種類の情報について個人が不利とは限らないものの、例えば、
個人の役務提供者にとって、どの企業と取引するかを決める上で、より良
い条件を提示している企業の情報を収集したり[37]、企業の提示する契約内
容の是非や当否を合理的に判断するために必要となる法的知識などを備え
たりすることは、必ずしも容易なことではない。法的知識を補完するため、
個人の役務提供者が弁護士等の専門家に逐一助言を求めることもコスト等
の観点から現実的でない場合が多い。

(2) 秘密保持を目的とした行為

　役務提供者という「人」を通じて企業秘密やノウハウが他の発注者に漏
洩しないようにするために、発注者が役務提供者に対して、その役務提供
先を制限する義務を課すことがある。このような義務には、一度「人」が
取得した企業秘密やノウハウは「人」と不可分であることから、「秘密保持」
という企業の正当な利益を確保するために必要という側面がある一方で、
役務提供者が「誰」と「どのような」取引をするかといった選択の自由を
侵害するという側面があり、両者のバランスについて留意が必要である。

(3) 人材育成投資費用の回収を目的とした行為

　特定の役務提供者に要した人材育成投資費用の回収のために、発注者が
当該役務提供者に対して、移籍や転職といった役務提供者の移動を制限す
ることがある。発注者が役務提供者に移動制限を課すことは、発注者の人
材育成投資に対するインセンティブを保持するために必要との議論がある
一方、前記(2)と同様に、役務提供者が「誰」と「どのような」取引をする
かといった選択の自由を侵害するという側面があり、両者のバランスにつ
いて留意が必要である。ただし、前記(2)の秘密保持を目的とした行為と異

---

[37] 労働基準法15条1項（労働基準法施行規則5条）では、労働契約の締結に当たり契約期間、
就労場所、業務内容、労働時間、賃金等の条件を明示することが定められているにもかかわら
ず、有期で働く契約労働者の約2割は、文書でも口頭でもこれらの条件が伝えられていない（前
記脚注5の4頁）。
　また、本検討会に伴い実施したヒアリングにおいても、企業から人材募集に当たり曖昧又は
不正確な条件を提示され、正確な条件を把握しないまま役務提供をしてしまう場合があるとの
指摘があった（ 別紙3 〔8〜9頁〕第2の2(5)の①、③、④、⑩）。

資　料

なり、人材育成投資は投資財として観念しやすく、その費用や利益の算出
も比較的容易であり、投資費用を回収するのに役務提供先の制限が不可欠
であると直ちにいえるものではないという違いがあることにも留意する必
要がある。

4　検討の枠組み

以下では、検討会事務局が行ったヒアリング及びウェブアンケートを通じ
て把握された発注者（使用者）による人材の獲得をめぐる競争を制限する行
為について独占禁止法上の考え方を検討する。この際、まず、一般的には競
争に与える悪影響がより大きい、複数の発注者（使用者）が共同して行う制
限行為「共同行為」を通じて市場が有する競争機能を損なうことについて検
討し（後記第5）、次に、個々の発注者（使用者）が単独で行う制限行為「単
独行為」について検討する（後記第6）。

また、直ちに独占禁止法上問題とはいえないものの、人材獲得競争の維
持・促進の観点から望ましくない行為についても検討する（後記第7）。

第5　共同行為に対する独占禁止法の適用

1　基本的な考え方

複数の発注者（使用者[38]）が共同して役務提供者との取引条件を決定する
ことは、主として、当該行為により人材獲得市場における競争が制限される
かどうかという観点から問題となり得る[39]（独占禁止法3条後段、8条1号、
3号、4号）。本来人材獲得市場において決定されるべき取引条件を共同し
て人為的に決定することは、競争を制限することを目的としたものであり、
競争に及ぼす悪影響が極めて大きく、原則として違法である。

ただし、その行為の態様によっては、競争を制限する効果以外の効果が期
待できる場合もあり、当該共同行為によってもたらされる競争促進効果の有

38　使用者の行為であっても、前記第3において原則独占禁止法上の問題とならないと整理した
集団的又は個別的労働関係における使用者の行為とは異なる行為である場合を想定しているの
で、第5全体において、発注者と使用者を併記している。また、第6の5、第7の4において
同じ。
39　複数の発注者（使用者）が加入する団体（独占禁止法上の「事業者団体」、後記脚注55参照）
が決定する場合を含む。以下第5の2〜5において同じ。

無、社会公共目的の有無、さらには、手段の相当性の有無、すなわち共同行為の内容及び実施方法が目的を達成するために合理的なものであるか否か、相当なものであるか否かも、併せて考慮して違法性が判断される[40]。

　また、人材獲得市場又は商品・サービス市場における競争促進効果（消費者利益の向上等）があると認められれば直ちに合法と判断されるわけではなく、それぞれの市場における、当該競争促進効果の程度やそれと競争阻害効果とを比較衡量して前者が後者を上回るか否かといった点も含めて総合的に考慮した上で判断されることになる。

【同一グループに属する会社間の共同行為】

○　同一グループに属する会社間での共同行為の場合、例えば、従来は一つの会社であったが分社化により複数の会社となり、分社後もグループとして一体として運営されている場合に、このような会社が共同で役務提供者との取引条件を決定する行為は、通常、独占禁止法上の問題とはならないと考えられる。一方、独占禁止法上の問題があると判断される場合もあり得、その判断は、行為の態様、行為者の市場における地位、競争への影響の程度等を総合的に勘案して個別具体的に行われる。

2　「役務提供者に対して支払う対価」に係る取決め[41]

【ポイント】

○　複数の発注者（使用者）が共同して役務提供者に対して支払う対価を取り決めることは、原則、独占禁止法上問題となる。

---

[40]　このような考え方に基づき競争促進効果又は社会公共目的について検討している事例として、東京地判平成9年4月9日（日本遊戯銃協同組合事件）、東京高判平成23年4月22日（ハマナカ毛糸事件）、最判昭和59年2月24日（石油価格協定刑事事件）等があるが、いずれも独占禁止法に違反すると結論付けられている。

[41]　別紙3〔1〜2頁〕第2の1(1)ア・イ、(2)ア（事務局によるヒアリング結果のうち、考え方の検討に際して参考とした内容を示している。ヒアリング結果の内容について独占禁止法上の評価を行ったことは意味しない。以下同じ。）。

　　複数の発注者（使用者）が共同して、一定の役務提供に対する価格（対価）を取り決めることは、人材獲得市場における発注者（使用者）間の人材獲得競争を停止・回避するものである。価格（対価）は人材獲得における最も重要な競争手段であることから、当該共同行為は人材獲得市場において競争の実質的制限を生じさせるものであり、原則として独占禁止法上問題となる。このとき、競争促進効果の有無、社会公共目的の有無や手段の相当性が考慮される余地は、通常ない。

　　この場合に、役務提供に対して支払われる水準が競争により定まる水準（競争均衡）よりも引き下げる方向に働くことで、提供された役務を利用した商品・サービス市場で需要者・消費者が支払う対価の低下をもたらすと理論上は考えられる場合であっても、一定の役務提供に対する対価を複数の発注者（使用者）が取り決めること自体が、原則として独占禁止法上問題となる[42、43]。

3　「移籍・転職」に係る取決め[44]

【ポイント】

○　複数の発注者（使用者）が共同して役務提供者の移籍・転職を制限する内容を取り決めること（それに類する行為も含む。）は、独占禁止法上問題となる場合がある。

○　このような行為が役務提供者の育成に要した費用を回収する目的で行われる場合であっても、通常、当該目的を達成するための適切な他の手段があることから、違法性が否定されることはない。

42　財の買手となる企業による購入価格の上昇を防止するための共同行為も独占禁止法違反となる（公取委排除措置命令平成20年10月17日（地方公共団体が売却する溶融メタル等の入札等参加業者による購入カルテル事件））。この命令では、財を利用して商品・サービス市場で提供する商品・サービスの価格への影響は認定されていない。また、企業による価格支配は一律に禁止されるものであり、特定の場合に消費者にとって有利なように用いられたことはそれを容認する理由にはならない（公取委審判審決昭和27年4月4日（野田醤油事件））。

43　このような行為は、外形上、共同購入・共同調達と類似している。しかし、共同購入・共同調達は、通常、競争の回避・停止ではなく効率性の改善を目的としたものであると想定される点で異なる。

44　別紙3〔2〜3頁〕第2の1⑶ア・イ・ウ・オ・カ・キ・ク・コ。

> ○ 例えば、このような行為が、複数のクラブチームからなるプロリーグが提供するサービスの水準を維持・向上させる目的で行われる場合、そのことも考慮の上で、独占禁止法上の判断がなされる。

　複数の発注者（使用者）が共同して役務提供者の移籍・転職を制限する内容の取決めを行うことは、役務提供者の役務の提供先の変更を制限することになり、人材獲得市場における発注者（使用者）間の人材獲得競争を停止・回避するものであることから、独占禁止法上問題となることがある[45]。また、この行為により、商品・サービス市場で新規に商品・サービスの供給を開始しようとする者が供給に必要となる役務提供者を確保できず、新規参入などが困難になることもあり得、商品・サービス市場の供給に係る競争を阻害する場合には、独占禁止法上問題となり得る。

　なお、取決めの内容が直接的に移籍・転職を制限するものでなく、例えば、移籍・転職をする者に対してそれを理由に一定の不利益を課すことを内容として[46]、事実上、移籍・転職を制限する効果を有する行為についても、以上のことは同様に当てはまる。

　また、契約の期間は役務提供の条件の一つであり、発注者（使用者）が、契約期間の長短によって、役務提供条件について他の発注者（使用者）より一層良いものを提案することで優れた役務提供者を獲得することもあり得る。よって、契約期間の上限又は下限を複数の発注者（使用者）が共同して取り決めることで、各発注者（使用者）が契約により役務提供者を拘束する期間が同一となる場合には、人材獲得市場における発注者（使用者）間の人材獲得競争を回避・停止することとなり得る。また、この行為によって契約期間が長期に収斂する場合は、商品・サービス市場で新規に商品・サービスの供給を開始しようとする者が供給に必要となる役務提供者を確保すること

45　例えば、米国での事例として、米国司法省Adobe Systems Inc.らに対する件（U.S. v. Adobe Systems, Inc., et al.（March 17, 2011 Final Judgement））。前記脚注10参照。
46　例えば、クラブチームの承諾の無いまま移籍した選手について、一定期間、試合への出場を禁止する場合がある。この際、選手として第一線で活動できる期間との対比で、出場禁止の期間が長期に設定されている場合には、移籍を抑止する効果が強く働く。

ができず、新規参入などが困難になることもあり得る。

　一方、移籍・転職に係る取決めについて、例えば、移籍・転職をする役務提供者に対してそれまで発注者（使用者）が一定の費用をかけて育成を行っており、その育成に要した費用を回収する目的で行われているとの主張がある[47]。

　育成費用を回収することが育成のインセンティブにつながり、それが競争促進効果をもたらすことがあるとしても、それが人材獲得市場にもたらす競争阻害効果を上回るものであるのか、ということを考慮する必要がある。さらに、回収する必要があるとされる育成費用の水準は適切か[48]、また、取決めの内容はその水準に相当する範囲にとどまっているのか、移籍・転職を制限する以外に育成費用を回収するよりもより競争制限的でない他の手段[49]は存在しないのか、といった内容、手段の相当性の有無も併せて考慮の上で問題となるかどうかが判断される。このとき、複数の発注者（使用者）が共同で移籍・転職を制限する取決めをする場合、通常、育成費用の回収という目的を達成する手段として他に適切な手段が存在しないということはないものと考えられる。

　例えば、スポーツ分野においては、複数のクラブチームが共同することで初めてプロリーグという一つの事業が成立する場合があるが、そのとき、複

47　個別のケースによっては、これ以外の目的が主張されることも考えられるが、その場合であっても、次で述べるのと同様の観点から判断される。以下、第5の3〜5及び第6の2〜6において同じ。

48　役務提供者が移籍・転職しなかった場合でも、発注者（使用者）が、常に実際に生じた当該役務提供者の育成費用の全額を回収できるとは限らないことから、当該役務提供者の育成費用の全額がそのまま適切な水準となるとは限らない場合もある。

49　他の手段として、移籍・転職先の発注者（使用者）が、移籍・転職元の発注者（使用者）に対して一定の金銭（移籍金等）を支払うという手段がある。この場合であっても、例えば、金銭の水準が回収すべき育成費用の水準に相当しているのか、などの手段の相当性についての検討は別途必要である。

　20世紀初頭に諏訪地方の器械製糸業では、工場と工女の契約を同業者団体に登録した上で、工女が他の工場に移動する場合にその旨を登録し、移動元の工場から移動先の工場に借権証が発行され、将来、逆の移動が行った場合に、借権証で相殺することが行われていた（神林龍「労働者の引き抜き問題とルールの確立：明治期諏訪地方の事例」〔澤田・園部編『市場と経済発展途上国における貧困削減に向けて』（東洋経済新報社、2006年）237頁〕）。

数のクラブチームが共同して選手の移籍を制限する行為はプロリーグの魅力を高めること[50,51]を通じて消費者に対して提供するサービスの水準を維持・向上させる目的から行われているとの主張がある。

これは、人材獲得市場における競争は阻害される[52]ものの商品・サービス市場における競争は促進され、またこれを通じて人材獲得市場における競争も促進されるという主張[53]と考えられる。そのような移籍制限行為が当該目的の実現に不可欠であるのか、商品・サービス市場での競争促進効果（消費者利益の向上等）の程度や、それが人材獲得市場での競争阻害効果を上回るものであるか、といった点も含めて総合的に考慮した上で判断されることになる。また、目的に比べてその手段が相当か、同様の目的を達成する手段としてより競争制限的でない他の手段は存在しないのかといった内容、手段の相当性の有無も考慮の上で判断される。

○ スポーツ分野におけるプロリーグの場合、複数のクラブチームによる共同での事業を認めなければ、プロリーグは存在し得ず、商品・サービス市場における消費者利益に与える悪影響が大きい。したがって、プロリーグにおける複数のクラブチームによる移籍制限行為がプ

---

50 シーズン中の選手の移籍を制限することでシーズン中のクラブチームの戦力の変化を抑止する、特定のチームに優秀な選手が集中することを防止してクラブチーム間の戦力の均衡を図る、各クラブチームが計画的にその戦力を強化することができるようにすることを通じて、プロリーグの魅力を高めることになるという主張がある（川井圭司『プロスポーツ選手の法的地位』（成文堂、2003年）16頁）。

51 各チームが選手に対して支払う報酬の総額をリーグ収益の一定割合とすることで、チーム間の戦力均衡を維持し、プロリーグの魅力を高めるという指摘がある（平成29年10月19日、人材と競争政策に関する検討会（第3回）における川井委員発言）が、このような報酬総額に関する制限についても、移籍・転職の制限と同様の考え方で判断されることになる。

52 選手の中には、例えば、チームに社員として所属し、会社の業務も行いつつ選手として活動する者（社員選手）や、純粋にプロ選手として所属・活動する者（プロ選手）が存在している者もいる。選手の移籍制限行為を評価するに際して、このことを考慮すべきとの問題提起があった（川井委員「プロスポーツと制限的取引慣行にかんする国際比較」（平成29年10月19日、人材と競争政策に関する検討会（第3回）資料1）35頁）。

53 「共同研究開発に関する独占禁止法上の指針」（平成5年4月20日策定、公正取引委員会）第1の2⑵、米国 FTC, DOJ（2000）「Antitrust Guidelines for Collaborations Among Competitors」p6参照。

　　　ロリーグの成立に不可欠であるのであれば、その検討に際して、商品・
　　　サービス市場における消費者利益を考慮した上で判断されることにな
　　　る。

○　　一方、前記第5の2の「役務提供者に対して支払う対価」に係る発
　　　注者（使用者）間の取決めについては、それを禁止したとしても、商
　　　品・サービス市場における商品・サービスの供給が不可能となること
　　　はなく、また、当該取決め以外の方法でも、商品・サービス市場で供
　　　給される商品・サービスの対価の低下をもたらすことは可能であるの
　　　で、原則として独占禁止法上問題となる。

○　　選手らの代表等との合理的な協議に基づいて移籍制限を取り決めて
　　　いる場合は、当該制限が選手にとって不利益を生じさせるものであっ
　　　ても、当該行為に対して競争法の適用を控えるべきであるとの考え方
　　　が海外では主流となっているとの指摘がある[54]。このように当該行為
　　　に至るまでの選手等との交渉過程を踏まえて判断することを独占禁止
　　　法上の考え方として位置付けるとすれば、当該行為が単に選手等に対
　　　する不利益をもたらすことを目的とするものではなく、プロリーグの
　　　魅力を高めることで商品・サービス市場における消費者利益に資する
　　　ものであるか否かという競争促進効果の面からも考慮するものと位置
　　　付けることも考えられる。
　　　　なお、この問題は集団的労働法上の問題と捉えることで独占禁止法
　　　との関係を整理することも考えられる。

54　例えば、前記脚注51のような考え方の背景には、商品・サービス市場の拡大に向けて、選手
　　とチームのモチベーションが同じ方向に向くようになるというポジティブな効果があるという
　　考え方があるとの指摘がある（平成29年10月19日、人材と競争政策に関する検討会（第3回）
　　における川井委員発言）。

4　役務提供者に求める資格・基準を取り決めること

> 【ポイント】
> ○　事業者団体などにおいて、一定の商品・サービスの供給に必要な役
> 務提供者についての自主的な資格・基準を定めることは、通常、独占
> 禁止法上問題とはならないが、その内容・態様によっては問題となる
> 場合がある。

　事業者団体[55]などにおいて、一定の商品・サービスを供給する際の自主的
な資格・基準として、商品・サービスの供給に必要な役務を提供する者につ
いて一定の資格・基準を定める場合がある。このような行為は、一般的には
独占禁止法上の問題を特段生じさせないものが多い[56]と考えられるが、その
内容及び態様によっては、独占禁止法上問題となることもある。規定された
資格・基準を満たす人材を十分に確保できない事業者にとって、商品・サー
ビス市場における商品・サービスの供給が困難となるなどにより、同市場に
おける競争を阻害し得る[57]ものだからである。

　資格・基準の取決めが、商品・サービス市場の競争を阻害するかどうかに
ついては、①商品・サービス市場における需要者の利益を不当に害するもの
ではないか、②発注者（使用者）間で不当に差別的なものではないか、との
判断基準に照らし、③社会公共的な目的等正当な目的に基づいて合理的に必
要とされる範囲内のものか、という要素を勘案しつつ、判断される。

　なお、資格・基準の取決めに係る活動を行う際には、事業者団体などにお

55　例えば、○○工業会、○○協会、○○協議会、○○組合といった団体や○○連合会といった
　これら団体が加入する団体のように、通常、同じ業界に属する企業が加入する団体を指す（「事
　業者団体」は、独占禁止法2条2項で定義されている。）。
56　「事業者団体の活動に関する独占禁止法上の指針」（平成7年10月30日策定、公正取引委員
　会）（以下「事業者団体ガイドライン」という。）第2の7⑵）。
57　北海道地域での原乳の買占めが問題とされた公取委審判審決昭和31年7月28日（雪印乳
　業・農林中金事件）においては、公正取引委員会による審査開始の翌年以降、北海道での牛乳
　生産量の増加率は、他の県と比べて高くなったことが指摘されている（石川一ほか「＜公正取
　引委員会事務局審査部＞最近数年間における審査事件の動向（上）」公正取引95号（昭和33年）
　37～38頁）。

いて、関係する発注者（使用者）及び役務提供者からの意見聴取の十分な機会が設定されることや、当該商品・サービスの需要者や知見のある第三者等との間で意見交換や意見聴取が行われることが望ましい。

また、取り決められた資格・基準の利用・遵守については、任意の判断に委ねられるべきであって、事業者団体などがその利用・遵守を発注者（使用者）に強制することは、一般的には独占禁止法上問題となるおそれがある[58]。

5　発注者（使用者）間の情報交換

人材獲得活動をする上で、発注者（使用者）間において現在又は将来の事業活動に係る料金、価格等の重要な競争手段ではなく、過去の情報や客観的な情報について情報交換が行われ、それが発注者（使用者）間に現在又は将来の価格についての共通の目安を与えるようなものではない場合、直ちに独占禁止法上問題となるものではないが[59]、情報交換を通じて発注者（使用者）間で前記第5の2〜4の行為に関する事実上の合意がなされる場合[60]は、独占禁止法上問題となる。

第6　単独行為に対する独占禁止法の適用

1　基本的な考え方

人材獲得市場において行われる発注者による行為は、それが人材獲得市場における競争に影響を与える場合と、商品・サービス市場における競争に影響を与える場合がある。独占禁止法は究極的には一般消費者の利益の確保を目的としている（独占禁止法1条）ことを踏まえ、この項では最初に人材獲得の過程で行われる行為が商品・サービス市場において自由競争減殺、更には競争の実質的制限の観点から及ぼす悪影響[61]を論じ（後記第6の1⑴）、

---

[58]　事業者団体ガイドライン第2の7⑵ア。

[59]　独占禁止法上、「価格に関する情報の需要者等のための収集・提供」、「価格比較の困難な商品又は役務の品質等に関する資料等の提供」といった行為は、原則として違反とならない行為とされている（事業者団体ガイドライン第2の9⑶9−5、第2の9⑶9−6）。発注者（使用者）間の情報交換についても、これと同様のものについては独占禁止法上問題とはならない。

[60]　事業者団体ガイドライン第2の9⑵。

[61]　本報告書では、発注者の当該行為により他の発注者に役務を提供できる役務提供者の数が減少したことをもって、人材獲得市場における自由競争減殺が生じるか否かについては議論していない。これは、現時点において、発注者の単独の行為によりそのような問題が生じることが想定し難いために過ぎず、そのような議論自体を否定することを意味しない。

続いてこれらの行為が人材獲得市場において競争手段の不公正さの観点から及ぼす悪影響を論じ（後記第6の1⑵）、最後にこれらの行為が優越的地位の濫用の観点から及ぼす悪影響を論じる（後記第6の1⑶）。

⑴　自由競争減殺、競争の実質的制限の観点からの検討

【ポイント】

○　自由競争減殺の観点からは、一般的には、商品・サービス市場において高いシェアを有する発注者の制限行為が、同市場において競争関係にある他の発注者の供給や参入を困難とするおそれを生じさせる場合に独占禁止法上問題となる。

○　上記の独占禁止法上の評価においては、問題の行為について、競争促進効果・社会公共目的の有無、手段の相当性の有無などについても総合的に考慮の上で判断される。

　発注者が役務提供者に対して、他の発注者に役務提供を行うことや発注者自らが活動する商品・サービス市場において商品・サービスを供給することを、制限し又は行わないことを義務付けることで、①制限・義務を課した発注者以外の発注者が、商品・サービス市場において商品・サービスを供給する上で必要となる役務提供者を確保できなくなる、あるいは、確保のためのコストが引き上げられることなどを通じて、商品・サービスの供給が困難となるおそれがある場合、②制限・義務を課した発注者以外の者又は制限・義務を課された役務提供者が、新たに商品・サービスの供給を開始することが困難となる、又は取引する機会を減少させるなどのおそれがある場合には、商品・サービス市場における自由競争減殺、更には競争の実質的制限が生じ、独占禁止法上問題となる（独占禁止法2条5項、不公正な取引方法（昭和57年公正取引委員会告示第15号。以下「一般指定」という。）2項後段、11項、12項等）。

　通常、制限・義務が課される役務提供者の範囲が広いほど、また、商品・サービス市場における商品・サービスの供給にとって当該制限・義務を課された役務提供者の必要性・重要性が高いほど、自由競争減殺又は競争の実質的制限が生じる可能性が高くなると考えられる。このほか、例え

ば、複数の発注者が、それらの間で何らの取決めもせずそれぞれ独立して同時にこのような行為を行う場合には、ある発注者のみが行う場合と比べ、その可能性が高くなると考えられる。

このため、一般的には、商品・サービス市場において高いシェアを占める発注者が行為に及ぶほど、商品・サービス市場における自由競争減殺・競争の実質的制限が生じる可能性が高くなると考えられる[62]。しかし、役務提供者に対する制限・義務は人材獲得市場で行われ、商品・サービス市場におけるシェアが人材獲得市場における制限・義務による影響の程度とは直結しない[63]ことも多いと考えられることから、商品・サービス市場における自由競争減殺又は競争の実質的制限の発生の可能性は、問題となる行為が行われた状況に応じて個別具体的に検討すべきである。

あわせて、問題の行為について、競争促進効果（更に必要に応じてこの効果と競争阻害効果との比較）・社会公共目的の有無、手段の相当性の有無などについても総合的に考慮する必要がある（前記第5の1のとおり。）。その際、上記の自由競争減殺又は競争の実質的制限が生じるのは商品・サービス市場であり、それにより悪影響を受けるのは商品・サービス市場における商品・サービスの需要者・消費者であることから、役務提供者に制限・義務に対する十分な代償措置（対価等の支払）が行われているか否かは考慮されないと考えられる（後記第6の1(3)とは異なる。）。

62　「自己の競争者との取引等の制限」など「市場における有力な事業者（発注者）」によって行われた場合に不公正な取引方法として違法となるおそれがある行為については、「市場におけるシェアが20％以下である事業者（発注者）や新規参入者がこれらの行為を行う場合には、通常、公正な競争を阻害するおそれはなく、違法とはならない。」（「流通・取引慣行に関する独占禁止法上の指針」（平成3年7月11日策定、公正取引委員会事務局）第1部3(4)）（ただし、引用中の「（発注者）」は、本報告書で引用するに際して加筆した。）
63　役務の提供先となる発注者の範囲が狭い一方で、それを利用して供給する商品・サービスを供給する者の範囲が広い場合が、これに該当すると考えられる（専門性の高い記事を寄稿するライターはこの例に当たる。記事の寄稿先となる専門知識を持つ者は限られるが、商品・サービス市場で雑誌や新聞などを供給する者は多い。）。

(2) 競争手段の不公正さの観点からの検討

【ポイント】
○　競争手段の不公正さの観点からは、発注者が役務提供者に対して
　実際と異なる条件を提示して、又は役務提供に係る条件（例えば、
　他の発注者への役務提供の制限）を十分に明らかにせずに取引する
　ことで、他の発注者との取引を妨げることとなる場合に、独占禁止
　法上問題となり得る。

　役務提供者の獲得に係る条件を他の発注者のそれよりもより良いものと
するという人材獲得競争が発注者間で行われるためには、役務提供者が、
発注者から提示された条件を正確に理解した上で発注者を決定する必要が
ある。その前提として、役務提供者が役務提供に係る条件に関する情報を
十分把握していることが必要である。

　しかし、役務提供者は発注者と比べて、情報が少なく、また、交渉力も
弱いため、発注者から当該情報が十分に提供されないといった事情から、
前記の前提が維持されにくい状況にあり、発注者が役務提供者に対して実
際と異なる条件を提示して、又は役務提供に係る条件を十分に明らかにせ
ずに取引することで、他の発注者との取引を妨げることとなる場合には、
独占禁止法上の問題となり得る[64]。このとき、発注者が、事前に説明した
内容に合わせる形で実際の取引条件を変更して事後的に補填をしたとして
も、既に前記の問題が生じていることは変わらないため、補填といった代
償措置が行われているか否かは考慮されないと考えられる（後記第6の1
(3)とは異なる。）。

　また、役務提供に係る条件として、他の発注者に対して役務提供を行う
ことを制限し、あるいは、行わないことを義務付ける内容が含まれる場合
がある。そのときに、前記のような役務提供者に対して実際と異なる条件
を提示する、又は役務提供に係る条件を十分に明らかにしないなどの行為

64　競争者に対する取引妨害（一般指定14項）が競争手段の不公正さの観点から問題となった
　事例として、第一興商事件（公取委審判審決平成21年2月16日）がある。

が行われた場合は、それが役務提供者の選択の自由を制限することになるという意味において、通常の商品・サービスに関する競争で同様のことが行われた場合に比べてその問題の重大性は大きく、なおさら独占禁止法上問題となりやすいと考えられる（一般指定14項）。

○　発注者が役務提供者に対して実際と異なる条件を提示する、又は役務提供に係る条件を十分に明らかにせずに取引することが競争手段の不公正さの観点から問題であり、この点を踏まえ、一般指定14項に加えて、一般指定8項の適用が可能であるかという点について、議論が行われた。

○　一般指定8項の文言からすると、何らかの商品又は役務を供給しており、その供給していることに関して著しく優良又は有利と誤認させることが違反とされ、発注者は役務提供者に対して何ら供給はしておらず、一般指定8項の適用は難しいのではないかとの意見があった。

○　この点については、一般指定8項は、商品又は役務の供給を行っているかどうかを問わず取引の過程で行われる著しく優良又は有利と誤認させる行為（欺まん的行為）に一般的に適用されると解すべきであること、その例として豊田商事事件（大阪高判平成10年1月29日）があること、同事件においては取引に実態がなく商品又は役務の供給が実質的に存在しなかったにもかかわらずこれがあたかも存在するように一般消費者に誤認させる虚偽の表示をして取引を誘引したことが一般指定8項に該当すると判断されたこと、この例に照らしても役務提供者に対して商品又は役務を供給していないことは一般指定8項の適用を否定する理由にはならないとの意見があった。

○　また、一般指定8項は商品又は役務を供給する者が行う欺まん的行為のみに適用されると解するとしても、少なくとも、発注者が役務提供者に対して原材料やノウハウを供給し、ブランドのライセンス等を行っている場合は、一般指定8項の適用は可能であること、フランチャイズ本部による欺まん的な加盟者募集行為に対しては一

般指定8項が適用されると解されてきたこと、フランチャイズ取引においては加盟者がフランチャイズ本部に対して店舗経営等の役務を提供するという側面があるにもかかわらずこのような解釈がされてきたのはフランチャイズ本部によるノウハウ提供があるためであること、このことに鑑みれば発注者が役務提供者に対してノウハウ等を提供する場合には同様に一般指定8項の適用が可能であるとの指摘があった。

○　さらに、公正かつ自由な競争を促進するという独占禁止法の目的を達成するためには、取引に際して欺まん的行為を規制する必要があるところ、一般指定8項の文言を狭く解釈するなどしてその射程を狭くとらえるならば、その目的を達成することができなくなるという意見が出された。

○　一方、一般指定8項の趣旨を踏まえれば、その適用の可否について両論があることは理解できるものの、独占禁止法が適用される事業者の立場からすれば、一般指定8項の行為要件に関する文言の解釈はできるだけ厳格にすべきであり、さらに、発注者が役務提供者に対して原材料等を供給しているか否かによって適用の可否が変わることはバランスを欠くのではないかとの意見もあった。

○　以上の議論を踏まえ、本検討会では、一般指定8項の適用可能性は否定されず、適用される場面が考えられるものの、今後更に検討が必要との結論となった。

(3)　優越的地位の濫用の観点からの検討

【ポイント】

○　優越的地位の濫用の観点からは、役務提供者に対して取引上の地位が優越している発注者が役務提供者に不当に不利益を与える場合に独占禁止法上問題となり得る。発注者が通常企業であるのに対して役務提供者が個人で事業を行っていることが多いという人材獲得市場の事情は、役務提供者の優越的地位の認定における考慮要素と

> なる。
>
> ○　上記の独占禁止法上の評価においては、問題の行為について、代
> 償措置が採られている場合には、そのこと及び代償措置の内容・水
> 準の相当性なども考慮の上で判断される。

　役務提供者は発注者と比べて、情報が少なく、また、交渉力も弱いため、
発注者から情報が十分に提供されないといった事情がある。このため、役
務提供者が自由かつ自主的な判断によって取引の相手方及び取引条件を選
択するという自由競争の基盤が維持されにくい状況にある。優越的地位の
濫用として問題となる行為は、事業者が取引上の地位が優越していること
を利用して、取引の相手方に不利益となるように取引条件を設定すると
いった場合であり、前提として、発注者が役務提供者に対して優越的地位
にあることが必要である。

　発注者が役務提供者に対して優越した地位にあるとは、役務提供者に
とって発注者との取引の継続が困難[65]になることが事業経営上大きな支障
を来すため、発注者が役務提供者にとって著しく不利益な要請等を行って
も、役務提供者がこれを受け入れざるを得ないような場合である。この判
断は、①役務提供者の発注者に対する取引依存度[66,67]、②発注者の市場に

65　「優越的地位の濫用行為は、継続的な取引関係を背景として行われることが多いが、継続的
　な取引関係にない事業者（発注者と役務提供者）間で行われることもある」（「役務の委託取引
　における優越的地位の濫用に関する独占禁止法上の指針」（平成10年３月17日策定、公正取
　引委員会）第１の１（注５））（ただし、括弧内は、本報告書で引用するに際して加筆した。）
66　取引依存度の高低について一律の基準はないが、日本トイザらス事件（公取委審判審決平成
　27年６月４日）では、取引依存度が0.5%～91.9%である納入業者について、日本トイザら
　ス（株）がそれらの納入業者に対して取引上優越した地位にあると認定された。
67　取引依存度に着目した議論として、国際労働機関（ILO）は、労働契約の下で雇用されて
　いる従業員と純粋な自営業者の間のグレーゾーンである依存度の高い自営業者（dependent
　self-employment）の存在を指摘している。依存度の高い自営業者とは、雇用契約を結ば
　ずに役務を提供しているが、実質的には１社又は少数の取引相手に収入源を依存し、仕事の
　仕方に関して発注者から直接指示を受けている労働関係のことをいう。企業は従業員を雇わ
　ずに依存度の高い自営業者に業務を発注することでコストを35～50%削減できるという
　報告もあり、過去数十年間で依存度の高い自営業者が増えてきていることが懸念されている
　（International Labor Organization（2017）「Dependent self-employment: Trends,
　challenges and policy responses in the EU」p15）。

おける地位、③役務提供者にとっての取引先変更の可能性、④その他発注者と取引することの必要性を示す具体的事実を総合的に考慮してなされる（詳細は後記第6の7参照）。

　通常の商品・サービスに関する市場では企業間取引が多いことと比べると、人材獲得市場においては、発注者が通常企業であるのに対して、役務提供者が個人で事業を行っていることが多いという特有な事情がある。この事情は、役務提供者が発注者との間で十分な情報に基づき役務提供に係る条件について交渉するなどにより役務提供者が自らの利害を踏まえて自由かつ自主的に判断し得る状況の有無に影響することがある。優越的地位の認定は、このような事情やその他の事情を含む前記①～④に該当する事情を総合的に考慮して個別具体的に行われる。

　このように役務提供者に対して取引上の地位が優越している発注者が役務提供者に不当に不利益を与えることは、独占禁止法上問題となり得る（独占禁止法2条9項5号ロ・ハ）[68]。

　このとき、不利益の内容として、他の発注者に対して役務提供を行うことを制限しあるいは行わないことを義務付ける内容が含まれる場合、それが役務提供者の選択の自由を制限することになるという意味において、通常の商品・サービスに関する競争で同様のことが行われた場合に比べて、その問題の重大性は大きいことから、なおさら独占禁止法上の問題となりやすいと考えられる。その際、代償措置が採られている場合には、そのこと及び代償措置の内容・水準の相当性を考慮した上で判断されることになる。

---

[68] 「どのような場合に公正な競争を阻害するおそれがあると認められるのかについては、問題となる不利益の程度、行為の広がり等を考慮して、個別の事案ごとに判断することになる。例えば、①行為者が多数の取引の相手方に対して組織的に不利益を与える場合、②特定の取引の相手方に対してしか不利益を与えていないときであっても、その不利益の程度が強い、又はその行為を放置すれば他に波及するおそれがある場合には、公正な競争を阻害するおそれがあると認められやすい。」（「優越的地位の濫用に関する独占禁止法上の考え方」（平成22年11月30日策定、公正取引委員会）（以下「優越ガイドライン」という。）第1の1）

2　秘密保持義務及び競業避止義務

> 【ポイント】
> ○　自由競争減殺の観点からは、発注者（使用者）が、営業秘密等の漏
> 洩防止の目的のために合理的に必要な（手段の相当性が認められる）
> 範囲で秘密保持義務又は競業避止義務を課すことは、直ちに独占禁止
> 法上問題となるものではない。
> ○　競争手段の不公正さの観点からは、発注者（使用者）が役務提供者
> に対して義務の内容について実際と異なる説明をし、又はあらかじめ
> 十分に明らかにしないまま役務提供者が秘密保持義務又は競業避止義
> 務を受け入れている場合には、独占禁止法上問題となり得る。
> ○　優越的地位の濫用の観点からは、優越的地位にある発注者（使用者）
> が課す秘密保持義務又は競業避止義務が不当に不利益を与えるもので
> ある場合には、独占禁止法上問題となり得る。

　発注者が役務提供者に対して、発注者への役務提供を通じて知り得た技術
や顧客情報といった営業秘密[69]やその他の秘密情報（以下、営業秘密と併せ
て「営業秘密等」という。）を漏洩しないことを内容とする秘密保持義務を
課す場合がある。また、使用者[70]が、退職する労働者に対して、在職中に知っ
たその他の秘密情報の漏洩防止を目的として、退職後における秘密保持義務
を課すことがある[71]。秘密保持義務は、一般的には、営業秘密等の漏洩防止

---

[69]　ここでいう「営業秘密」とは、不正競争防止法2条6項の要件（①秘密として管理されてい
ること〔秘密管理性〕、②事業活動に有用であること〔有用性〕、③公知でないこと〔非公知性〕）
を満たす情報をいう。

[70]　ここでは、使用者が労働者に対して、その者が退職した後について秘密保持義務を課すこと
を問題としている。使用者が退職前つまり在職中に課す秘密保持義務についてここでは取り上
げておらず、前記第3において原則独占禁止法上の問題とならないと整理した個別的労働関係
における使用者の行為とは異なる行為を想定している。表記としては正確には「元使用者」で
あるが、煩雑なので「使用者」と記載する。以下第6の2の競業避止義務、第7の1において
同じ。

[71]　労働者は在職中、労働契約に付随する義務として、信義則上、使用者の業務上の秘密を守る
義務を負うと解されている。また、労働契約終了後（退職後）も、不正競争防止法にいう「営
業秘密」についての不正な使用・開示は、同法で不正競争の一類型とされ（不正競争防止法2

を目的としたものであり、発注者（使用者）が漏洩を懸念することなく取引することを可能とし、発注者（使用者）が役務提供者に対して営業秘密等に相当するノウハウや詳細な情報を提供できるようになり、役務提供者のスキルアップを促進する（人材に対する需要を促進し、提供される商品・サービスが改善される）など、人材獲得市場において競争促進的な効果を有し、また、発注者（使用者）の営業秘密等が守られることでその事業活動を活発化させるなど商品・サービス市場においても競争促進的な効果を有する。したがって、その目的のために合理的に必要な（手段の相当性が認められる）範囲で秘密保持義務を課すことは、直ちに独占禁止法上問題となるものではない。

　秘密保持義務の実効性を担保するために、同義務違反となる可能性が高いことを理由に他の発注者との取引を制限する行為[72]が行われることがあるが、当該行為もそれ自体、前記と同様に合理的に必要な範囲にとどまる限り、直ちに独占禁止法上問題となるものではない。

　しかし、この行為は、役務提供者（退職した労働者を含む。）が他の発注者（使用者）に対して役務を提供することを抑制する行為であり、他の発注者が商品・サービス市場において商品・サービスを供給する上で必要な役務提供者を確保できなくなる、あるいはコストが引き上げられることなどを通じて、商品・サービスの供給や参入が困難となるなどのおそれを生じさせる場合には、自由競争減殺の観点（前記第6の1(1)）から独占禁止法上の問題となり得る。

　また、発注者が、役務提供者に対して役務提供に係る契約終了後に、発注者と競合する者に対して一定期間役務提供を行わないことを内容とする義務を課すことがある。また、使用者が、退職する労働者[73]に対して、退職後における営業秘密等の漏洩防止を目的として、使用者と競合する業務を行わないことや競合他社に就職しないことを内容とする競業避止義務を課すことが

条1項7号）、契約上の根拠がなくとも差止め、損害賠償等の対象となる（前記脚注22の279～280頁）。

[72]　本文記載の内容を理由として、発注者が、役務提供者やその提供先である他の発注者に対して訴訟提起を示唆する警告書を送付すること等により、これらの者の間の取引を制限する効果が生じ得る（別紙3〔3頁〕第2の2(1)イ）。

[73]　前記脚注70のとおり、在職中の労働者に対する秘密保持義務については労働法において規律される。

ある[74]。これら競業避止義務についても、前記の秘密保持義務と同様の目的
から課されるものとされ、一般的に商品・サービス市場における競争促進効
果を有するものであり、その目的に照らして合理的な範囲で課される場合に
は、直ちに独占禁止法上問題となるものではない。

　しかし、競業避止義務は、役務提供者が発注者（使用者）の競争事業者と
なること（役務提供者が独立して事業を行うこと）や、発注者（使用者）の
競合他社への転職・役務提供を禁止、制限する[75]ものであることから、秘密
保持義務とは義務の内容が異なるものの、前記の秘密保持義務と同様に役務
提供者が他の発注者（使用者）に対して役務を提供することを抑制する行為
である。したがって、商品・サービス市場において、競業避止義務を課され
た者が新たに商品・サービスの供給を開始することを困難にする、又は商
品・サービス市場において商品・サービスを供給する上で必要な役務提供者
を確保できなくなる、あるいはコストが引き上げられることなどを通じて、
発注者（使用者）の競争事業者による商品・サービスの供給や参入が困難に
するなどの効果を生じさせることがある。そのとき、競業避止義務を課され
た者や役務提供者を確保できない競争事業者の範囲が広いほど、秘密保持義
務や競業避止義務の内容や期間がその目的に照らして過大であるほど、ま
た、複数の発注者（使用者）において同時に行われているほど、独占禁止法
上の問題となりやすい。

　なお、秘密保持義務や競業避止義務として課されている内容や期間自体
は、通常の当該義務の内容と比べて乖離はなく直ちには過大とはいえないも
のであっても、その規定内容が具体的、限定的でなく抽象的であるため、発
注者（使用者）によって拡大解釈[76]される余地がある等の場合は、独占禁止
法上の問題が起こり得る。

　また、競争手段の不公正さの観点（前記第6の1(2)）からも問題となり得
る。秘密保持義務や競業避止義務は、行為者たる発注者（使用者）と競争関
係にある発注者と役務提供者の間の役務提供に係る取引を制限していること

74　在職中の労働者には、労働契約に付随する信義則上の義務として、競業避止義務が認められ
　る（前記脚注22の281頁）。
75　別紙3〔4頁〕第2の2(1)オ。
76　営業秘密等の範囲について拡大解釈する場合も同様である。

から、人材獲得市場における発注者間の人材獲得競争に影響を及ぼしている。このとき、発注者（使用者）が役務提供者に対して義務の内容について実際と異なる説明をし、又はあらかじめ十分に明らかにしないまま役務提供者がそのような義務を受け入れている場合には、独占禁止法上の問題となり得る。

　さらに、優越的地位の濫用の観点（前記第6の1(3)）からも問題となり得る。これらの義務は、それを課された者が他の発注者（使用者）に対して役務を提供する機会を失わせており、不利益をもたらしている。したがって、当該者に対して取引上の地位が優越していると認められる発注者（使用者）が課す秘密保持義務又は競業避止義務が不当に不利益を与えるものである場合には、独占禁止法上の問題となり得る。

　不当に不利益を与えるものか否かは、これら義務の内容や期間が目的に照らして過大であるか、役務提供者に与える不利益の程度[77]、代償措置の有無及びその水準、これら義務を課すに際してあらかじめ取引の相手方（役務提供者）と十分な協議が行われたか等の決定方法、他の取引の相手方（役務提供者）の条件と比べて差別的であるかどうか、通常の競業避止義務及び秘密保持義務との乖離の状況等を考慮した上で判断される。

- ○　不正競争防止法上の営業秘密を使用しない退職後の競業を制限することについては、①競業制限の目的の正当性（使用者固有の知識・秘密の保護を目的としているか）、②労働者の地位（使用者の正当な利益を尊重しなければならない職務・地位にあったか）、③競業制限範囲の妥当性（競業制限の期間、地域、職業の範囲が妥当か）、④代償措置の有無、の諸点を総合考慮して、合理性のない制限であれば公序良俗違反として無効となる。
- ○　最近の裁判例は雇用流動化を受けて、競業避止義務の有効性を厳格に判断する傾向にある（荒木尚志『労働法〈第3版〉』（有斐閣、2016年）281頁）。

77　商品・サービス市場において発注者（使用者）と競争関係にある者との取引までは制限されていない場合、不利益の程度を判断するに際して、そのことも考慮される。

> ○　①～④の考慮要素は、独占禁止法上の評価において参考になるもの
> 　　と考えられる。

3　専属義務

> 【ポイント】
> ○　自由競争減殺の観点からは、発注者が役務提供者に対して、発注者
> 　が自らへの役務提供に専念させる目的や、役務提供者の育成に要する
> 　費用を回収する目的のために合理的に必要な（手段の相当性が認めら
> 　れる）範囲で専属義務を課すことは、直ちに独占禁止法上問題となる
> 　ものではない。
> ○　競争手段の不公正さの観点からは、発注者が役務提供者に対して義
> 　務の内容について実際と異なる説明をする、又はあらかじめ十分に明
> 　らかにしないまま役務提供者が専属義務を受け入れている場合には、
> 　独占禁止法上問題となり得る。
> ○　優越的地位の濫用の観点からは、優越的地位にある発注者が課す専
> 　属義務が不当に不利益を与えるものである場合には、独占禁止法上問
> 　題となり得る。

　発注者が、役務提供者に対して自らとのみ取引をする義務（以下「専属
義務」という。）[78]を課し、他の発注者に対する役務提供を制限する場合があ
る。専属義務は、例えば、発注者が商品・サービス市場で商品・サービスを
供給するのに必要な役務を提供させるために自らへの役務提供に専念させる
ことや、発注者が役務提供者に一定のノウハウ、スキル等を身に付けるよう
にするための育成投資を行った上で、その育成に要する費用を回収すること

78　別紙3〔4～5頁〕第2の2⑵カ・キ、同〔5頁〕⑶イ・ウ。
　　このほか、専属義務に類似する行為として、スポーツ分野において、大会等に出場する役
務提供者（スポーツ選手）を選定する権限を有する組織体が役務提供者に対して、当該組織体
が公認していない大会等への出場禁止や組織体が指定するイベント等への参加義務付けを行う
場合がある（別紙3〔4頁〕第2の2⑵エ・オ）。

を目的とするとされる[79]。このため、一般的には、役務提供者に対する育成
投資を可能とし（人材の能力を向上させ）、発注者の事業活動を活発化させ
るなど人材獲得市場及び商品・サービス市場において競争促進効果を有し得
るものであり、その目的のために合理的に必要な（手段の相当性が認められ
る）範囲で専属義務を課すことは、直ちに独占禁止法上問題となるものでは
ない。

　しかし、例えば、その目的に必要な範囲を超えた専属義務により、他の発
注者が商品・サービス市場において商品・サービスを供給する上で必要な役
務提供者を確保できなくなる、あるいはコストが引き上げられることなどを
通じて、他の発注者が商品・サービスを供給することが困難となるなどのお
それを生じさせる場合には、自由競争減殺の観点（前記第6の1(1)）から独
占禁止法上問題となり得る。そのとき、専属義務により役務提供者を確保で
きない他の発注者の範囲が広いほど、専属義務の内容や期間（契約期間が終
了しても、既存の提供先である発注者の一方的な判断により専属義務を含む
役務提供に係る契約を再度締結して役務提供を継続させる場合は、継続を前
提とした期間）がその目的と照らして過大であるほど、また、複数の発注者
において同時に行われているほど独占禁止法上の問題を生じやすい。

【2017年12月8日欧州委員会プレスリリース】
○　欧州委員会は、国際スケート連盟（ISU）が、ISUが承認してい
　ないスピードスケート競技会に参加した選手に対して厳格なペナル
　ティー（無期限追放を上限とする）を課すことは競争法（欧州機能条
　約101条）違反と決定し、ISUに対し、90日以内に、違法行為を取り
　やめることを命じた。
○　欧州委員会は、問題となったISUの規則について、正当な目的（ISU
　自身の経済的利益はこの目的から明示的に除外）のみに基づき、また、
　その目的の達成に必要かつ適切（inherent and proportionate）な内

---

[79]　このほか、役務提供を受ける過程で発注者の事業上の秘密を役務提供者が知り得ることから、
　それが役務提供者を通じて他の発注者に漏洩することを防ぐ目的も考えられる。このような目
　的に基づく専属義務についての考え方は、前記第6の2と同じである。

> 容となるよう、廃止又は修正することにより命令を履行可能としている。

　また、競争手段の不公正さの観点（前記第6の1(2)）からも問題となり得る。専属義務は、行為者たる発注者と競争関係にある発注者と役務提供者の間の役務提供に係る取引を制限しており、人材獲得市場における発注者間の競争に影響を及ぼしている。このとき、発注者が役務提供者に対して義務の内容について実際と異なる説明をし、又はあらかじめ十分に明らかにしないまま役務提供者がそのような義務を受け入れている場合、独占禁止法上の問題となり得る。

　さらに、優越的地位の濫用の観点（前記第6の1(3)）からも問題となり得る。専属義務は、役務提供者が他の発注者に対して役務を提供する機会を失わせている点において、役務提供者に不利益をもたらしている。したがって、役務提供者に対して取引上の地位が優越していると認められる発注者が課す専属義務が、役務提供者に対して不当に不利益を与えるものである場合には、独占禁止法上の問題となり得る[80]。

　不当に不利益を与えるものか否かは、これら義務の内容や期間が目的に照らして過大であるか[81]、役務提供者に与える不利益の程度[82]、代償措置の有無及びその水準、これら義務を課すに際してあらかじめ取引の相手方と十分な協議が行われたか等の決定方法、他の取引の相手方の条件と比べて差別的

80　別紙3 〔5頁〕第2の2(2)ク～コ。
81　例えば、芸能事務所やクラブチームが特定の者と一定期間の専属契約を締結し、その者の市場における価値の創造・拡大に資する（例えば、新人芸能人や新人選手の育成）とともに、その芸能人や選手の肖像等を芸能事務所等や本人以外の第三者が利用する取引の円滑化を図る場合があるが（後記脚注86参照）、そのような事情の有無も含めて考慮した上で判断される。育成費用の回収を目的とする場合の具体的な考え方は、前記第5の3の育成費用を回収する目的である場合と同じである。
　一方、契約期間が終了しても、既存の提供先である発注者の一方的な判断により専属義務を含む役務提供に係る契約を再度締結して役務提供を継続させる行為が、芸能事務所と芸能人の間の契約において行われる場合がある。芸能事務所と芸能人の間の契約が一度終了した後も、芸能事務所と第三者の間の当該芸能人についての契約が継続していることを理由に行われる場合、その必要性の有無も含めて考慮した上で判断される。

であるかどうか、通常の専属義務との乖離の状況等を考慮した上で判断される。

4 役務提供に伴う成果物の利用等の制限

【ポイント】

○ 発注者が役務提供者に対して合理的な理由なく行う以下の行為は、それにより他の発注者が商品・サービスを供給することが困難となるなどのおそれを生じさせる場合には、自由競争減殺の観点から独占禁止法上問題となり得る。

・役務の成果物について自らが役務を提供した者であることを明らかにしないよう義務付けること

・成果物を転用して他の発注者に提供することを禁止すること

・役務提供者の肖像等の独占的な利用を許諾させること

・著作権の帰属について何ら事前に取り決めていないにもかかわらず、納品後や納品直前になって著作権を無償又は著しく低い対価で譲渡するよう求めること

○ 競争手段の不公正さの観点からは、発注者が役務提供者に対して制限・義務等の内容について実際と異なる説明をし、又はあらかじめ十分に明らかにしないまま役務提供者がそれを受け入れている場合には、独占禁止法上問題となり得る。

○ 優越的地位の濫用の観点からは、優越的地位にある発注者が課す制限・義務等が不当に不利益を与えるものである場合には、独占禁止法上問題となり得る。

---

82 役務提供者が今後事実上移籍・転職ができなくなるほどの程度である場合、その不利益の程度は相当大きい。

また、契約期間終了後は再契約をしないとの意向を示した役務提供者に対して、それを翻意させるために、発注者が役務提供者に対して、報酬の支払遅延や業務量の抑制などの不利益な取扱いをしたり、悪評の流布等により取引先変更を妨害し再度契約を締結させたりするといった行為についても、不利益の程度がより大きくなる場合がある。

　発注者が、役務提供者から提供された役務を利用して製作等した成果物を自らの成果物であるとして公表する一方で、役務提供者に対して自らが役務を提供した者であることを明らかにしないよう義務（成果物の非公表義務）を課すことがある。質の高い成果物を製作等できる役務提供者の名前が広く知られてしまうと、当該役務提供者に対する発注が増加し、当該役務提供者に再び発注しても受注してもらえる可能性が低くなってしまうため、当該役務提供者を囲い込む目的など、合理的な理由なく発注者がこうした義務を課すことがある。自らが役務を提供したという事実が役務提供者にとって人材獲得市場において役務提供先たる発注者を獲得する上で重要な競争手段となっている場合、この義務は、当該義務を課す発注者以外の発注者と役務提供者が新たに取引を行うことを制限する効果を有する。

　また、役務提供者が発注者に提供する役務によっては、役務の成果物について役務提供者に一定の著作権等の権利が発生する場合がある。このとき、発注者が自らへの役務提供の過程で発生したこと又は自らの費用負担により役務が提供されたこと等を理由に、役務提供者が発注者に提供した役務の成果物を転用して他の発注者に対して提供することを禁止（成果物の転用制限）したり、役務提供者の肖像等の独占的な利用を許諾させたり（肖像等の独占的許諾義務）、著作権の帰属について何ら事前に取り決めていないにもかかわらず、納品後や納品直前になって著作権を無償又は著しく低い対価で譲渡するよう求めることがある[83]。

> ○　役務提供者が労働者である場合には、労務提供の成果物は、使用者に帰属し、労働者に帰属するものではないというのが労働法の基本原則である。
>
> 　これに対し、特許法に規定される職務発明については、従業者等に原始的に帰属するとされてきた。しかし、2015年特許法改正により、契約、勤務規則その他の定めにおいてあらかじめ特許を受ける権利を使用者に取得させることを定めた場合には、その特許を受ける権利

83　ただし、相応の対価で譲渡する義務を課す行為については、円滑な取引を促進する上で必要と認められる場合もある。

は、その発生した時から使用者等に帰属することとされた。そして、従業者等は職務発明について契約、勤務規則その他の定めにより使用者等に特許を受ける権利を取得させ、または特許権を承継させ、若しくは専用実施権を設定した場合、従業員等は「相当の金銭その他の経済上の利益」を受ける権利を有し、その相当の利益は不合理と認められるものであってはならないとされている[84]。

　また、著作権法に規定される職務著作については、法人その他使用者（法人等）が自己の著作の名義の下に公表する著作物であれば（プログラムの著作物については名義のいかんを問わず）、その作成の時における契約、勤務規則その他に別段の定めがない限り、その法人等が著作者となる[85]。

　このような義務・制限等を課すことは、他の発注者が商品・サービス市場において商品・サービスを供給する上で必要な役務提供者、成果物、肖像等を確保できなくなる、あるいはコストが引き上げられることなどを通じて、他の発注者が商品・サービスを供給することが困難となるなどのおそれを生じさせる場合には、自由競争減殺の観点（前記第6の1(1)）から独占禁止法上問題となり得る。そのとき、義務・制限等を課された者や役務提供者、成果物、肖像等を確保できない他の発注者の範囲が広いほど、制限・義務の内容がその目的に照らして過大であるほど、これらの義務・制限等が複数の発注者において同時に課されているほど、独占禁止法上の問題となり得る。

【2017年12月21日ドイツ連邦カルテル庁プレスリリース】
○　ドイツ連邦カルテル庁は、オリンピックに参加する選手が、オリンピック期間中及びその前後の一定期間、広告目的での選手自身、名前、写真や、スポーツの実演の利用を禁止することを内容とするオリンピック憲章の運用は競争を制限しており、ドイツオリンピック連盟

84　特許法35条1項、3項、4項、5項。
85　著作権法15条1項、2項。

5 役務提供者に対して実態より優れた取引条件を提示し、自らと取引するようにすること[88]

【ポイント】
○ 発注者（使用者）が役務提供者に対して事実とは異なる優れた取引条件を提示し、又は役務提供に係る条件を十分に明らかにせず、役務提供者を誤認させ、又は欺き自らと取引するようにすることは、競争手段の不公正さの観点から独占禁止法上問題となり得る。

通常の商品・サービスの供給において、供給者が消費者に対して、価格、品質などの諸条件について十分な情報を伝えない場合がある。その結果、消費者が価格、品質などの諸条件の内容を正確に把握できず、ある商品・サービスを他の商品・サービスよりもより良いものであると消費者が誤認し、その商品・サービスを選択してしまうことがある。この場合、より良質廉価な商品・サービスの供給を受けられず消費者が不利益を受けることになり、また、良質廉価な商品・サービスを供給する競争者が競争上不利な立場にもなる。このため、このような行為は、不当景品類及び不当表示防止法及び一般指定8項（ぎまん的顧客誘引）により規制されている。

同じ行為が発注者（使用者）と役務提供者との間で行われた場合、すなわち、発注者（使用者）が役務提供者に対して事実とは異なる優れた取引条件を提示し、又は役務提供に係る条件を十分に明らかにしないことで、役務提供者が、発注者（使用者）から提示された役務提供に係る条件[89]を正確に理解した上で提供先である発注者（使用者）を決定することができず、その取引条件が他よりも優れていると思わせることで役務提供者を誤認させ、又は欺き自らと取引するようにすることは、役務提供者に不利益をもたらすだけでなく、正しく取引条件を提示する発注者（使用者）にも不利益をもたらし、前記の商品・サービスの場合と同種の問題がある。このような問題の存在を

---

88 別紙3〔8頁〕第2の2⑸エ。
89 前記第6の2〜4において、各種義務・制限について論じていることであるが、ここで論じている条件は、対価などの様々な条件（処遇）、対象役務の内容（業務内容）など、役務提供者が役務の提供先を決定することに影響する役務の提供条件全般を指す。

踏まえれば、競争者に対する取引妨害として、競争手段の不公正さの観点（前記第6の1⑵）から独占禁止法上の問題となり得る[90]。

6　その他発注者の収益の確保・向上を目的とする行為

【ポイント】

○　優越的地位にある発注者による役務提供者に対する以下の行為は、優越的地位の濫用の観点から独占禁止法上問題となり得る。

・代金の支払遅延、代金の減額要請及び成果物の受領拒否

・著しく低い対価での取引要請

・成果物に係る権利等の一方的取扱い

・発注者との取引とは別の取引により役務提供者が得ている収益の譲渡の義務付け

前記第6の2～4の行為のほか、自己の取引上の地位が優越している発注者が、役務提供者に対しその地位を利用して不当に不利益を与える場合には、優越的地位の濫用の観点（前記第6の1⑶）から独占禁止法上の問題となり得る。

それらの行為が不当に不利益を与えるものであるか否かの評価についての基本的な考え方は、以下のとおりである。なお、以下の行為は下請代金支払遅延等防止法（以下「下請法」という。）の要件を満たせば、同法に違反し、下請法の適用の要件を満たさない場合にも、優越的地位の濫用の観点から独占禁止法上の問題となる場合がある。

⑴　代金の支払遅延、代金の減額要請及び成果物の受領拒否[91]

発注者が正当な理由なく以下の行為を行うことは、代金の支払遅延（ア）、代金の減額要請（イ～エ）又は成果物の受領拒否（オ）として、不当に不利益を役務提供者に与える可能性がある。

90　商品・サービスの場合と同種の問題がある以上、一般指定8項の適用が考えられるが、前記第6の1⑵で述べたとおり、同項の適用の可否につき検討会では結論が出なかったため、本報告書では、一般指定8項の適用については論じず、競争者に対する取引妨害の問題として一般指定14項の適用について論じている。

91　別紙3〔6～7頁〕第2の2⑷。

ア　あらかじめ決めていた報酬の支払期日を発注者の都合で遅らせること[92]。

イ　発注者の都合で、あらかじめ決めていた契約金額を減額すること[93]。

ウ　発注者の都合で、あらかじめ取り決めていた仕様を変更する等により役務提供者に追加的な業務が発生したにもかかわらず、対価を据え置くこと[94]。

エ　発注者側の都合による発注取消しにもかかわらず、役務提供者に生じた損失を負担しないこと[95]。

オ　同時に複数の役務提供者に対して発注し、質の高い成果物を納品した役務提供者と取引し、他の役務提供者の成果物について受領を拒否すること[96]。

(2)　著しく低い対価での取引要請[97]

　　発注者が以下の行為を行う場合、対価の決定に当たり役務提供者と十分な協議が行われたかどうか等の対価の決定方法、他の役務提供者の対価と比べて差別的であるかどうか等の決定内容などを考慮の上で、不当に不利益を与えることに当たるか否かが判断される。ただし、決定された実際の対価が役務提供者の希望していた水準よりも著しく低いことをもって、直ちに不当に不利益を与えることに当たると判断されるものではない点に留意が必要である[98]。

92　あらかじめ役務提供者の同意を得て、かつ、それによって役務提供者に通常生ずべき損失を自己が負担する場合は、この限りではない。

93　役務提供者から提供された役務に瑕疵がある場合など、役務提供者の責めに帰すべき事由により、役務が提供された日から相当の期間内に、相当と認められる金額の範囲内で代金を減額する場合等は、この限りではない。

94　問題とならない場合についての考え方は、優越ガイドライン第4の3(4)イ参照。

95　納期を一方的に延期すること又は発注を一方的に取り消すことにより納期に役務の全部又は一部を受け取らない場合も、「受領を拒否すること」に含まれる。

96　①役務提供者から提供された役務に瑕疵がある場合など役務提供者の責めに帰すべき事由がある場合、②役務の提供に当たって役務提供者との合意により受領しない場合の条件を定め、その条件に従って受領しない場合、③あらかじめ役務提供者が納得して同意し、かつ、役務の受領を拒むことによって役務提供者に通常生ずべき損失を負担する場合には、この限りではない。

97　別紙3〔6〜7頁〕第2の2(4)。

　ア　発注単価において必要経費を考慮しないこと[99]。

　イ　発注者側の都合で、取引開始後に発注単価を決めること。

　ウ　取引価格の協議を前提とした交渉を行わないこと（役務提供者は、発注者が用意した見積金額記載済みの見積書にサインするのみ）。

(3)　成果物に係る権利等の一方的取扱い

　　役務提供者が発注者に提供する役務によっては、役務の成果物について役務提供者に著作権等の一定の権利が発生する場合がある。

　　このとき発注者が、自らへの役務提供の過程で発生したこと又は自らの費用負担により役務が提供されたこと等を理由に以下の行為を行う場合、それが不当に不利益を与えることに当たるか否かは、発注者が代償措置を講じているか、その水準は発生する不利益に相当しているか、代償措置を含む形で対価に係る交渉を行っているか[100]、当該権利の発生に対する発注者による寄与はあるかなどを考慮した上で判断される。

　ア　発注者が成果物を発注時の目的以外で再利用する場合に役務提供者に対価を支払わないこと。

　イ　役務提供者の肖像等を利用したグッズ等を発注者が販売するに際して発注者が役務提供者に支払う対価（ロイヤリティ）について、役務提供者との間で協議をせずに決定したり、ロイヤリティを一切支払わなかったりすること。

98　要請のあった対価で取引を行おうとする同業者が他に存在すること等を理由として、低い対価又は高い対価で取引するように要請することが、対価に係る交渉の一環として行われるものであって、その額が需給関係を反映したものであると認められる場合などについては、この限りではない。

99　発注者が、合理的な理由なく、あらゆるケースを想定した瑕疵担保責任を役務提供者が負うことを求めること（役務提供者は、発注者が用意した瑕疵担保責任を記載済みの定型的な契約書にサインするのみ）があるとの指摘がある。この際、このような過剰な瑕疵担保責任を求めることは、役務提供者に必要経費の増加を生じさせ得るものと考えられる。

100　代替措置の水準の評価に当たっては、代償措置の決定に当たり役務提供者と十分な協議が行われたかどうか等の決定方法、他の役務提供者の代償措置と比べて差別的であるかどうか等の決定内容など（前記第6の6(2)に挙げた事項）も考慮される。

　　また、代償措置を含む形で対価に係る交渉を行っていると認められるためには、成果物に係る権利の譲渡等が取引条件であることを取引の当事者双方が認識し、成果物に係る権利の譲渡等に対する対価が含まれることを発注者が明示するなど、取引条件を明確にした上で交渉する必要がある。

(4) その他[101]

　発注者が正当な理由なく、発注者との取引とは別の取引により役務提供者が得ている収益の一部を当該発注者に譲渡することを義務付けることは、不当に不利益を役務提供者に与える可能性がある[102]。

7　優越的地位の認定に当たって考慮すべき事項

【ポイント】

○　人材獲得市場に特有の以下の事情は、発注者の優越的地位の存在を支持する事情と考えられる。

・企業組織と比べて情報収集能力や交渉力が劣ることに起因して、役務提供者による取引先変更の可能性が低い場合

・発注者間で情報が広がりやすい業界においては、役務提供者が取引条件を交渉すること自体がネガティブな評判となり取引先変更の可能性を低下させる場合

・役務提供者の事業規模が小さく業務処理能力の関係上同時に取引できる発注者が限られる場合

・役務提供者の選択の自由が既存の役務の提供先である発注者により制限されている場合

　人材獲得市場においては、通常、発注者が企業組織であるのに対して役務提供者は個人で働いていることが多いという特有な事情があり、それが後記(1)〜(4)に挙げた事情に直接又は間接に反映されている場合がある。このような人材獲得市場に特有な事情は、発注者が役務提供者に対して優越的地位にあることを支持する事情と考えられ[103]、このような事情やその他の事情を含む前記第6の1(3)①〜④に該当する事情を総合的に考慮して、個別具体的に

101　別紙3〔4〜5頁〕第2の2(2)。

102　別紙3〔4頁〕第2の2(2)のア〜ウ。

103　このほか、人材獲得市場に特有の事情には当たらないが、前記第6の2〜4及び第6の6で述べた役務提供者に不当に不利益を与える行為が存在すること自体も、当該行為を行っている発注者が役務提供者に対して優越的地位にあることを支持する事情と考えられる（公取委審判審決平成27年6月4日（日本トイザらス事件））。

資　料

優越的地位が認定される。

(1)　役務提供者が交渉上必要な情報力・交渉力を有していない場合[104]

　　役務提供者は個人で働いていることが多いなどの事情により、その情報収集力には限りがあるため、ある発注者以外の、自らの役務を提供することが可能な他の発注者の存在に関する情報を有していない又は得ることが難しい場合は、役務提供者にとっての取引先変更の可能性が低いと考えられる。

　　また、他の発注者の存在についての情報を有する又は得ることができる役務提供者であっても、交渉力が劣るために、発注者からその取引条件の是非や当否を合理的に判断するために必要となる情報が十分に得られなかったり、あるいは、判断に必要となる法的知識等を有する又は得ることが難しい場合、ある発注者と取引条件について交渉を維持しつつ、他の発注者が提示する取引条件と比較することが困難であり、取引先変更の可能性について同様に考えられる。

(2)　役務提供者についてのネガティブな情報が発注者間で広がることで支障を来す場合[105]

　　発注者間で情報が広がりやすい業界においては、役務提供者がある発注者に対して取引条件の内容について不満を述べたり、あるいは、今後取引をしたくないなどの意向を伝えたりする場合、そのことが当該役務提供者に係るネガティブな評判として他の発注者に広まり、当該業界において今後、他の発注者と取引をすることに支障を来す状況が生じ得る。

　　このような場合、役務提供者が発注者と取引条件の交渉を行うことが、役務提供者にとっての取引先変更の可能性を低下させるものと考えられる。

　　また、人材獲得市場においては、前記第4の2(1)で述べたように、そもそも役務提供者にとって提供可能な発注者の範囲が限られる場合もあり、そのときは一層、上記による取引先変更可能性の低下を生じやすくなると考えられる。

104　別紙3〔9頁〕第2の2(6)ア。
105　別紙3〔10頁〕第2の2(6)カ。

(3) 事業規模が小さく同時に取引できる発注者が限られる場合[106]

　役務提供者は個人で事業を行っていることが多く、その場合には、業務処理能力の関係上一度に多くの取引先を抱えることは難しく、同時並行で受注できる取引先は数社に限られる場合がある。また、提供する役務の内容によっては、提供が長期間にわたる場合がある。これらの事情は、役務提供者の発注者に対する取引依存度が高いことや取引先変更の可能性が低いことの根拠となり得ると考えられる。

(4) 役務提供者による選択の自由が制限されている場合[107]

　役務提供者がその提供先を変更することは、本来であれば、役務提供者の自由な意思により行われるものである。しかし、例えば、既存の提供先である発注者と新たな取引先である発注者間での取引先変更についての了解を前提とする場合[108]や、契約期間が終了した場合でも既存の提供先である発注者の一方的な判断により役務提供に係る契約を継続させることが可能であるときには、役務提供者の選択の自由が制限され、取引先変更の可能性は低いと考えられる[109]。

　特に、このような場合において、役務提供者に対して専属義務も併せて課しているときには、役務提供者の発注者に対する取引依存度が100%となることから、発注者の優越的地位が認定されやすくなるものと考えられる。

　また、役務提供者にとって選択可能な発注者が複数存在し、前記のような選択の自由を制限する事情がないとしても、各発注者から提示される取引条件の内容が同じ又は類似していると、役務提供者にとっては多様な取引条件から取引相手を選択する余地がなく、事実上役務提供者の選択の自由が制限され、取引先変更の可能性は低いと考えられる。

106　別紙3〔10頁〕第2の2(6)オ。
107　別紙3〔9～12頁〕第2の2(6)。
108　了解を得ないで役務提供者が取引先を変更することが一応可能であるとしても、それにより役務提供者に不利益が生じ、それを避けるために変更を断念せざるを得ない場合も含まれる。
109　このようなことを内容とする取決めが、複数の発注者の間で又は発注者が所属する事業者団体によって行われている場合は、前記第5の3のとおり、独占禁止法上問題となることもある（独占禁止法3条後段、8条1号、3号、4号）。

資　料

第7　競争政策上望ましくない行為

> 【ポイント】
> ○　対象範囲が不明確な秘密保持義務又は競業避止義務は、役務提供者に
> 対して他の発注者（使用者）との取引を萎縮させる場合があり、望まし
> くない。対策として、関係分野ごとに、範囲の明確化に資する考え方を
> 周知すること等が考えられる。
> ○　発注者は、書面により、報酬や発注内容といった取引条件を具体的に
> 明示することが望まれる。
> ○　発注者が、合理的理由なく対価等の取引条件について他の役務提供者
> への非開示を求めることは、役務提供者に対する情報の非対称性をもた
> らし、また、発注者間の競争を起こらなくし、望ましくない。
> ○　役務提供者の獲得をめぐって競争する発注者（使用者）が対価を曖昧
> な形で提示する慣行は発注者が人材獲得競争を回避する行動であり、望
> ましくない。

　前記第5及び第6以外の行為について、独占禁止法上は直ちに問題とならな
い場合であっても、以下のように、競争に悪影響を与えたり、独占禁止法違反
行為を引き起こす誘因となったりする行為は、競争政策上望ましくない行為で
ある。

1　役務提供者にとって秘密保持義務・競業避止義務の対象範囲が不明確であ
ること[110]

　発注者（使用者）が役務提供者に対して課す秘密保持義務・競業避止義務
の範囲が不明確であり、どのような場合に義務違反となるのかが役務提供者
にとって不明確であると、義務違反を理由とする訴訟リスクを回避するため
に、役務提供者が、他の発注者に役務を提供することや、発注者と競合する
可能性の否定できない事業を行うことやそのような会社に転職することを萎
縮させることになる。
　このような萎縮効果は、人材獲得市場及び商品・サービス市場における競

110　別紙3〔3〜4頁〕第2の2(1)ウ、〔10頁〕第2の2(6)キ。

争に悪影響を与えるものであり、また、役務提供者の選択の自由を損なうものであり、競争政策上望ましくない。このような萎縮効果を生じさせない、又はそれを未然に防ぐ観点からの対応として、例えば、関係分野ごとに、当該秘密保持義務・競業避止義務の範囲の明確化に資する一般的な考え方を取りまとめ周知する、役務提供者が範囲を明確にすることが必要となったときにそのための手続を整備するなどの対応が考えられる（このことは、不正競争防止法上の営業秘密についても同様である。）[111]。

2 役務提供者への発注を全て口頭で行うこと[112]

発注者が役務提供者に対して業務の発注を全て口頭で行うこと、又は発注時に具体的な取引条件を明らかにしないことは、発注内容や取引条件等が明確でないままに役務提供者が業務を遂行することになり、前記第6の6等の行為を誘発する原因とも考えられる（この行為は、下請法が適用される場合には下請法違反となる。）。発注者が、書面による発注など取引開始前に取引条件の明確化を図る手法を採り、報酬や発注内容といった取引条件を具体的に明示することが望ましい。

なお、労働基準法や職業安定法では、労働条件等の明示規定が置かれ、賃金や従事すべき業務の内容といった一定の労働条件については書面による明示義務がある[113]。また、労働契約法[114]では、労働契約の内容の理解の促進として、労働契約の内容について、できる限り書面により確認するものとされている。

3 対価等の取引条件について他の役務提供者への非開示を求めること[115]

発注者が似た能力・技術水準の複数の役務提供者に異なる条件で役務を発

---

111 最近の裁判所は競業避止義務の有効性を厳格に判断する傾向にあり、競業避止義務の有効性が争われた裁判において、競業制限の目的の正当性や競業制限範囲の妥当性が認められなかったこともある（大阪地判平成12年6月19日（キヨウシステム事件）、大阪地判平成10年12月22日（フッソ樹脂ライニング営業秘密事件）、大阪地判平成15年1月22日（新日本科学事件）、東京地判平成24年1月13日（アメリカン・ライフ・インシュアランス・カンパニー事件）等）。
112 別紙3〔8頁〕第2の2⑸ア。
113 労働基準法15条1項（労働基準法施行規則5条）、職業安定法5条の3（職業安定法施行規則4条の2）。
114 労働契約法4条2項。
115 別紙3〔8頁〕第2の2⑸イ。

注した場合、役務提供者がその違いの存在を知れば、他の役務提供者より劣る条件であった役務提供者はより良い取引条件を得られる可能性があることに気付き、発注者との間での取引条件の再交渉や、より良い条件を提示してくれる他の発注者に役務提供先を切り替えるといった行動を採る可能性がある。しかし、発注者が役務提供者に対して支払う対価等の取引条件について、他の役務提供者への非開示を求める行為が行われると、それが妨げられることになる。

　役務提供者が取引先たる発注者を十分な情報に基づき選択することは、競争の前提であり、発注者のこの行為は役務提供者に対する情報の非対称性をもたらし、また、当該行為がなければ起こった可能性のある役務提供者をめぐる発注者間の競争を起こらなくしており、人材獲得市場における競争に悪影響をもたらすものである。特に、対価等の取引条件の一般的な水準が知られていない状況においては、人材獲得市場における競争手段の不公正さにつながるおそれもあり、発注者が合理的な理由なくこのような行為を行うことは望ましくない。

4　人材獲得市場において取引条件を曖昧な形で提示すること[116]

　人材獲得市場において役務を提供できる者がその需要に対して少なく、需給が逼迫している場合、通常であれば、各発注者（使用者）が他の発注者（使用者）よりもより高水準の対価を提示することで、人材獲得競争が行われる。この過程で、発注者（使用者）が役務提供者に提示する（実際に支払われる）対価の水準が引き上げられることが一般的である。そのような事態を避けるため、役務提供者の獲得をめぐって競争する発注者（使用者）が対価を曖昧な形で提示することが慣行として行われている場合、そのような慣行は発注者（使用者）が人材獲得競争を回避する行動であり、競争政策上望ましくなく、対価を明確に提示することが望ましい[117]。

116　別紙3 〔8頁〕第2の2⑸ウ。
117　このようなことを内容とする取決めが複数の発注者の間、又は発注者が所属する事業者団体によって行われている場合は、独占禁止法上問題となることもある（独占禁止法3条後段、8条1号、4号）。

第8　おわりに

　現在、我が国における「働き方」は多様化の時代を迎えている。インターネット上のプラットフォーマーの増加や、シェアリングエコノミーの普及によって、個人として働く者の人口が今後更に増加することが予想される。加えて、第四次産業革命の進展に伴い成長分野への労働移動が必要となる可能性もある。本検討会は、そうした来るべき時代に備え、人材をめぐる社会問題について、独占禁止法の考え方を整理した。その際、現時点で既に顕在化している行為を中心としつつも、それにとどまることなく、将来起こり得る行為も可能な範囲で視野に入れ、そのような問題に対しても対処できるようにすべく、独占禁止法上及び競争政策上の考え方も含め、検討・整理を行った。本報告書における考え方が、個人として働く者の労働環境を向上させ、役務提供者がその能力をいかんなく発揮できるようにすることを通じて、我が国の経済発展の実現に資するものとなることを切に願っている。

　もちろん、残された課題もある。本報告書の検討に当たっては、検討会事務局にてヒアリング及びウェブアンケートを実施しているものの、独占禁止法上の検討を行うべき行為を網羅した包括的な調査を行ったものではない。したがって、本件検討会での検討・整理は、飽くまでも現時点において把握できた範囲に対応して行われたものにとどまる。プラットフォームを通じた就労形態が今以上に社会に浸透した暁には、また新たな独占禁止法上の問題が生じる可能性もある。経済は常に流動的なものであり、現状では確認されていない新たな論点が出てきた際には、改めて検討することが必要になる。

　本報告書では、人材獲得競争に関する独占禁止法の適用についての考え方を整理したが、役務提供者にとって民事訴訟を通じた問題解決のハードルは決して低くはないため、人材の獲得をめぐる公正かつ自由な競争は、独占禁止法の厳正な執行があって初めて実現できる場合もある。1947年に独占禁止法が施行されて以降、人材獲得競争に関して独占禁止法の具体的な執行はほとんどみられなかった。本報告書を契機として、独占禁止法の執行を始めとする公正取引委員会による積極的な取組が行われ、また、独占禁止法の執行を通じた事例の蓄積を踏まえ、本報告書に示した考え方の一層の精緻化、具体化が進められることを強く希望する。

　また、人材をめぐる社会問題の全体的な解決は、独占禁止法だけでなく、労

働法、消費者保護法や各種の事業法などの関係法規や実務慣行等がある中で、バランスを取りながら実現されるべきものである。本検討会の整理は、独占禁止法が対処し得る範囲内での整理であり、他法令との適用関係や具体的な運用の在り方についてまで仔細に検討できたわけではなく、いわば問題解決に必要な議論の第一ステップにすぎない。今後、問題として取り上げるべき行為について包括的な調査を行い、また、そのような行為が行われている範囲やその影響の程度についてデータベースの構築等を通じて必要な実態把握をするとともに、労働法、消費者保護法などの諸規制によりカバーすべき問題の範囲などについて、今後更に検討を深めることも必要である。この点、独占禁止法の執行だけでは対応できない人材獲得競争に関する問題（前記第7）を含む諸問題に対して、今後、関係各省庁や業界において、積極的な取組がなされることを期待したい。

※別紙については以下URL参照

（別紙1）
https://www.jftc.go.jp/cprc/conference/index_files/180215zinzai03.pdf
（別紙2）
https://www.jftc.go.jp/cprc/conference/index_files/180215zinzai04.pdf
（別紙3）
https://www.jftc.go.jp/cprc/conference/index_files/180215zinzai05.pdf
（別紙4）
https://www.jftc.go.jp/cprc/conference/index_files/180215zinzai06.pdf
（別紙5）
https://www.jftc.go.jp/cprc/conference/index_files/180215zinzai07.pdf

執筆者一覧

【弁護士】

石井　逸郎（ウェール法律事務所）／第1章、第4章担当

藤田　裕（東京山手法律事務所）／第3章第1担当

高野倉　勇樹（北千住あすみ法律事務所）／第2章第3担当

穐吉　慶一（白石・穐吉法律事務所）／第2章第2担当

土肥　勇（新四谷法律事務所）／第2章第1担当

【税理士】

山口　翔（山口翔税理士事務所）／第3章第2担当

（令和3年1月現在）

本書に関する問い合わせは、下記にお願いいたします。

芸能事務所の運営とタレントの契約の適正化を考える会

〒160－0004
東京都新宿区四谷4－3－12 第12大鉄ビル2階 ウェール法律事務所内

TEL：03－5366－6311
FAX：03－5366－6320

芸能人・芸能事務所の法務と税務

―契約・労務からトラブル対応まで―

令和3年3月25日　第1刷発行

著　者　　石井　逸郎・藤田　裕・高野倉　勇樹
　　　　　穐吉　慶一・土肥　勇・山口　翔

発　行　　株式会社ぎょうせい

　　　　　〒136-8575　東京都江東区新木場1-18-11
　　　　　URL：https://gyosei.jp

　　　　　フリーコール　0120-953-431
　　　　　ぎょうせい　お問い合わせ　検索　https://gyosei.jp/inquiry/

〈検印省略〉

印刷　ぎょうせいデジタル株式会社　　　　　　　　　©2021　Printed in Japan
※乱丁・落丁本はお取り替えいたします。
ISBN978-4-324-10923-6
(5108670-00-000)
〔略号：芸能人法務〕

ひな型に頼らず、契約書作成の考え方が身に付く!

菊間弁護士と学ぶ!

契約のキホンのキホン

弁護士
菊間千乃【著】

契約の
キホンの
キホン

菊間弁護士
と学ぶ!
弁護士
菊間千乃

テレビコメンテーターとしても
活躍し、
「わかりやすく伝える」
経験が豊富な弁護士が
本質を解説!

ぎょうせい

A5判・定価1,980円（税込）
電子版 価格1,980円（税込）

※電子版は **ぎょうせいオンラインショップ** 検索
からご注文ください。

編著者紹介

●**菊間千乃**（きくま　ゆきの）

弁護士（第二東京弁護士会・弁護士法人松尾綜合法律事務所）。早稲田大学法学部卒業後、株式会社フジテレビジョンに入社。その後、弁護士を志し、法科大学院に入学。司法修習生を経て、2011年12月に弁護士登録。
主な業務分野として、紛争解決（各種訴訟・非訟・保全事件）、企業法務（労働、ガバナンス、危機管理、不祥事対応）、エンターテインメント、家事、刑事（少年事件含）など。

※肩書きは発刊時のものです。

目　次

株式会社 ぎょうせい

フリーコール
TEL：0120-953-431 [平日9～17時] **FAX：0120-953-495**

〒136-8575 東京都江東区新木場1-18-11
https://shop.gyosei.jp　ぎょうせいオンラインショップ 検索